U0570878

青春呓语

主　编：北京大学中文系主任博士生导师
温儒敏
北京师范大学中文系博士生导师
王富仁

吉林人民出版社

图书在版编目(CIP)数据

青春呓语 / 温儒敏,王富仁主编. —2 版. —长春:
吉林人民出版社,2011.8
(中学美文读本)
ISBN 978 – 7 – 206 – 03825 – 9

Ⅰ.①青… Ⅱ.①温… ②王… Ⅲ.①散文—文学欣赏—世界
②随笔—文学欣赏—世界 Ⅳ.①I106.6

中国版本图书馆 CIP 数据核字(2011)第 180590 号

青春呓语

主　　编:温儒敏　　王富仁
责任编辑:张立华
吉林人民出版社出版发行(长春市人民大街 7548 号 邮政编码:130022)
网　　址:www. jlpph. com
全国新华书店经销
发行热线:0431 – 85395845　　85395821
印　　刷:北京嘉业印刷厂
开　　本:650mm×960mm　　1/16
印　　张:15　　　　字　　数:225 千字
标准书号:ISBN 978 – 7 – 206 – 03825 – 9
版　　次:2011 年 9 月第 2 版　　　印　　次:2016 年 8 月第 4 次印刷
定　　价:29. 80 元

序

　　这几年，文学圈儿内鼓噪得不像个模样儿，什么怪诞的、荒谬的、离奇的、粗俗的……各式各样的文学流派粉墨登场，闹得花哨，闹得热火，闹得门前冷落读者稀，还嫌不够来劲，不够刺激。于是，把"美女作家""新新人类"再推上前台，涂脂抹粉，扭腰摆臀，以争取新的亮点儿。

　　我们姑且把此类文学称之为"泡沫文学"，泡沫者，一闪即逝之物也。文学圈儿内倘若揉进了这类东西，那就无异于假冒伪劣商品，扰乱社会，坑害民众，甚至会致人残疾夺人性命——把文学硬是弄成非驴非马的模样儿，这是整个文学界的悲哀呵。

　　当然，这些年，我们的文学也有鲜亮的一面，有清新的空气，且不说那些重量级的作家推出的重量级的作品，就是一些野花小草，也丛生争妍，并时不时透出点儿韧劲儿，透出点儿暗香，叫人痴迷得癫狂不已，欲罢不能。

　　选编《中学美文读本》这套丛书的目的，就是想把散落于各地的野花小草集中起来，培以土壤，施以水肥，以供读者鉴赏。文体以时下较受青睐的精短散文、随笔为主，内容上讲究可读性、独创性和哲理性，有缠绵的情思，悠扬的春曲，亦有心灵的感悟，深沉的反醒。随手撷来，总有些油盐酱醋蕴含其中，让人几多回味，几多思索。

世纪之声交融，野花小草吐芳。

愿滂沛之文风常吹，精神之枝干常绿。

编 者

目录

青春方阵

校园阳光

黑色断想

今生今世

青春方阵

■ 哦，流行歌手

>> 杨绍球

青春，如果走向舞台便会在观众面前展现独特的风姿。青春的舞台那么大那么大，有缤纷的灯光将身影染得青春焕发，有昂扬的鼓乐将歌声烘托得惊心动魄。

任江南大地流行港台曲。

任黄土高坡刮起西北风。

任南方流行歌手唱得头发长而又长。

任北方流行歌手唱得嗓子哑而又哑。

青春，我却不是流行歌手。

青春，如果走向舞台，我便会在观众面前展现我独特的风姿。一颦一笑，抬手举足，都是我所独有。我深深懂得：在舞台上，如果我去盲目地迎合每一位观众，我便会马上失去每一位观众。如果失去了观众，那将意味着什么？

青春，如果我要歌唱，我便会真诚地唱出我自己的歌。字字声声，抑扬顿挫，都是发自我内心深处。我深深懂得：在歌声里，如果我去盲目地追随别人，我便会迅速在舞台上匿迹销声。如果在舞台上消失，那将意味着什么？

青春的舞台那么大那么大，如果所有的歌手都展示一种风韵，如果所有的歌手都唱出一样声色，那么，即使有缤纷的灯光将我们的身影染得青春焕发，即使有昂扬的鼓乐将我们的歌声烘托得惊心动魄，那也不过是一场青春闹剧。这，又难道不是舞台的悲哀？不是歌手的悲哀？

不是已经有无数流行歌手从我们面前走过去了，去得无影无踪？他们的脚印已经写下了无数个青春问号。

啊，青春，不是流行歌手。

■ 赏 析

青春的颜色是多彩的，青春的线条是多样的，青春的图景是多面的。

　　青春不需要"盲目的迎合"，不需要"盲目的追随"。青春的美丽在于它的独特，生命的可贵在于它的个性。

　　站在"青春的舞台"上，要唱的是自己的歌曲，要展现的是自我的风姿。即使你的演唱并不那么出色，也有着无穷的价值。"流行歌手"的大红大紫只是一个虚幻的梦境，你却有着无悔的青春，充实的人生。

榜　样

>> 王安雄

终于有一天，我决心走进自己灵魂深处，试图寻找有无榜样存在的可能，灵魂坦然一笑：答案是你锁着的，钥匙也在你手中。

我走向大海，想从博大中寻求榜样，大海领我去看风帆。帆，从不因前有风浪而不远航。帆的最终成功在于：总是朝着既定的目标奋勇向前，即使可能会冒着被淹没的危险。

我走向群山，想从崇高中寻求榜样，高山让我去认识小溪。决不因路有坎坷而不出山。溪所以日后成为大江，或许源于溪明知会遇到曲折跌宕而不放弃一生认定的追求。

我去问田间，希望从辛勤里寻求榜样，泥土一旁暗示我：犁铧是一个无畏的典范，犁铧为将荒芜变成良田，从不怕自己青春的年华会有损伤。

我去问大漠，企图从异乎寻常的艰辛里寻求榜样，漠风着意吹拂我的胸膛：胡杨能给你一种证明，志向的高远雄伟，还必须依靠自身的坚韧顽强去展现。

我曾在灯下请教先哲，怎样的人能够成为榜样？那位先哲只是打了一个比方：香，只是在燃烧自身中才溢出香气。

我还曾拾书籍的阶梯而上，查询知识能否给榜样以力量？大多的书里大多的文字里，都标示同一思想：愚者可能会有惊人一举，只有智者才能造福一世。

终于有一天，我决心走进自己灵魂深处，试图寻找有无榜样存在的可能，灵魂坦然一笑：答案是你锁着的，钥匙也在你手中。

▉ 赏析

如果你愿意，风帆、小溪都可以是榜样。然而，先哲"打了一个比方"，告诉你："香，只是在燃烧自身中才溢出香气"。

　　如果你愿意，犁铧、胡杨都可以是榜样。然而，书籍"标示同一思想"，告诉你"愚者可能会有惊人一举，只有智者才能造福一世"。

　　如果你愿意，就请走入自己的灵魂深处探问有无榜样。它的回答也许是当头一棒——打碎你膜拜的偶像，打破你沉醉的迷梦。没有榜样，是因为我们有太多的榜样。

年轻就要轰轰烈烈

>> 罗 西

不甘平庸，是年轻的宣言：有棱有角，是年轻的风貌。

在南极，细菌几乎无法存活，所以考察队员即使受凉也不感冒，十分平安。可是，考察队员们一返回"尘世"，便纷纷发烧感冒、拉肚子。医生解释说，长期在无菌条件下，人体防御系统处于放松、平和状态，人的抵抗力因得不到锻炼而降低。

确实，人是在战斗中成长的。而年轻更是意味着挑战、考验与磨难。

我可以平平淡淡，但不要平平淡淡。我要的是轰轰烈烈，是生命中最激昂的那首进行曲，而不是小夜曲。

人不轻狂枉少年。

血性、气盛，甚至冲动，是因为年轻。我可以谅解并正视所有的失败。但从不原谅自己的懦弱。我要良知、智慧，也要勇敢、冒险、竞争，和所有因冲锋陷阵而犯下的失误。

不甘平庸，是年轻的宣言；有棱有角，是年轻的风貌。逃避磨炼，苟且偷安，其实是无能为力，是自欺欺人，是一种斗志的退化。

年轻无须唱"平平淡淡才是真"，年轻应该是一束火焰，轰轰烈烈，燃烧是惟一的语言与豪情。

■ 赏析

你要轰轰烈烈，不可平平庸庸。

你要血性、气盛、甚至冲动，不可稀软、气短，懦弱无能。

你要良知、智慧、勇敢、冒险，不可愚昧无知，逃避竞争。

你要有棱有角，脚踏实地，不可坐等地上长钞票，天上掉馅饼。

青春苦短，别让无聊耗费你的生命；事业辉煌，莫为羁绊耽误你的行程。前进的目标已锁定，朋友，为了明天，带上年轻，跃马扬鞭，轰轰烈烈，奋然前行。

青春就是太阳

>> 邓康延

超越昨天的自我，就成为当代青年的另一种逐日壮景，只因为——青春就是太阳。

中国的神话中，《夸父逐日》的故事最为悲壮。当他一路追到太阳入口处时，焦渴难耐，一口气喝干了黄、渭两条河水，最终仍渴死于路上，遗下的木杖变成了邓林。

后来，有两位诗人先后神游了邓林，各留下一首气贯长虹的诗行。

台湾壮年诗人余光中长吟道："……壮士的前途不在昨夜，在明晨/西奔是徒劳，奔回东方吧/既然是追不上了，就撞上"；而大陆青年诗人杨炼对夸父的批评更是直截了当："他才一上路/便已老了/因为青春就是太阳"。

从茫然地追寻太阳，到聪明地撞上太阳，再到勇敢地成为太阳，实在是国人步步攀援向上的象征啊！

于是，超越昨天的自我，就成为当代青年的另一种逐日壮景，只因为——青春就是太阳。

■ 赏 析

俗话说：英雄出少年。

人生的岁月，是一串珍珠，漫长的生活是一组乐曲，而青春是其中最璀璨的珍珠，最精彩的乐章。

青春欢乐，青春路上没有痛苦。青春美妙，几乎每一处都有生命奔流。青春迷人，令幼稚仰慕，令衰老嫉妒。青春是一种风度，更是一宗财富。

超越昨天，开拓明天，这是生命的本真，青春的责任，因为"青春就是太阳"。

尝 试

>> 鲁先圣

所有失败的人，都是半途而废、浅尝辄止的人，所有成功的人，都是屡挫屡奋、百折不挠的人。尝试，一种铸造卓越与杰出的人生方式。

尝试在物理学上就是试验，一种事物的结论究竟如何，去做一下试验，一切就明白了。如果不去做试验，就永远都不可能知道事物的本质是怎么回事。

在天文学上，尝试就是探索。地球以外究竟还有没有生命，有没有文明，惟一的办法是离开地球去太空探索。

任何一个成功的杰出的人生，都是在尝试中度过的。

尝试首先是一种自信。一件事情还没有去做，谁也不知道困难程度有多大，会有多少预料之外的事情要发生。这就要有绝对的自信，相信自己有能力克服和战胜任何困难，应付各种各样的复杂问题。

尝试最重要的是勇气。面对未知的领域，毫不畏惧，勇往直前。一件事情还没去做，就被设想的一大堆问题吓倒了，这是懦夫。所谓两强相遇勇者胜，勇气永远是胜者的助手。

尝试最大的敌人是半途而废。科学界的人们都信奉这样一句话，失败一万次之后的那一次是成功。这一万次，就是一万次尝试。事实上，成功往往就深藏在你无数次失败中。将要忍耐坚持不住、就要退却的地方。你距成功只有一步之遥了，但你却只看到一路上无数次的尝试失败，所谓功亏一篑就是这个道理。

尝试使我们发现利用自己生命中那些优秀的潜能，每一个人的生命中都潜藏着许多连自己也不知道的能力，如果不去尝试，这些能力永远也没有机会大放异彩。只有去大胆尝试，这些一个个优秀的品质才会脱颖而出。这个时候，最惊奇的是我们自己：原来我有这么多优秀的素质！

所有失败的人，都是半途而废、浅尝辄止的人，所有成功的人，都是屡挫屡奋、百折不挠的人。

尝试，一种铸造卓越与杰出的人生方式。

赏 析

生机勃勃的心里，或许拥挤不堪的想法一天一个样，或许离奇古怪的想象飘飘荡荡。对于这些，只是想想而已？显然不能这样。笔者建议了一种途径——尝试。尝试是人探索无知的云梯，尝试给了人验证生活的机会，尝试构成着人一生的经历！

"自信"是尝试的源头，"坚持"是尝试的结尾，而勇气则是尝试的过程，缺少任何一部分，尝试只能无始无终无过程。这叫"半途而废"！那么，人只能在扼腕叹息中飘零。

"尝试，一种铸造卓越与杰出的人生方式！"

握住日子的精彩与美丽

>> 陈大明

有的早已与草木腐去，有的则填涂着朦胧的色调散乱在心上。蓦然回首，欲将疏忽的曾经拾起，却捡得几页缺角少字的片断，彰显着时光不再翻版。

如悄无声息的冬雪，似淅淅沥沥的春雨，若仲夏浓荫里沙沙而过的风，日子静静地一页页翻过。

有的早已与草木腐去，有的则填涂着朦胧的色调散乱在心上。蓦然回首，欲将疏忽的曾经拾起，却捡得几页缺角少字的片断，彰显着时光不再翻版。

泪眼婆娑过一段雨季。当莫名地把一个陌生的形象，埋下蒲公英的向往，视为美丽的诗篇珍藏，才知在日子的催长中已不知不觉套上了成熟的伪装；当走出母亲殷殷的目光，独踏异乡的旅途，才知日子显示的不仅仅是年少对母亲眼路的漫行，更是成长对遥远梦乡的奔赴。

也许那些落叶上写诗的心情会一天一天老去，也许成长要以孤独为代价，逝去的日子也无非给我们一个把握今天的启示。其实，谁能对完整的人生、完美的日子下一个固定的概念呢？别人对我们重要，但我们不能失去自我。更多的时候，我们用自己的双手拭去旅途的灰尘，用自己的问候驱散跋涉的疲顿，更用自己的心灵去珍惜每一个日子，每一点感动。

是否在了望远方星空的时候，望不见自己心灵的彼岸？给自己一个承诺，好吗？在回首的某日，还过去一本完整的书，不管装订拙劣还是单薄，只要有内容。

写好人生这本书，握住日子的精彩与美丽，待明日细细品读。

■ 赏 析

日月悠悠，关山叠叠。一切龙蟠虎踞的怪石、险滩，都未能阻止年轻生命之河的滔滔东去。年轻的朋友，是否愿意让我们的青春再精彩，再壮丽些？

是否能握住日子的精彩与美丽，别人对我们是重要的，但我们更要拥有自我。这样我们才能"用自己的双手拭去旅途的灰尘，用自己的问候去驱散跋涉的疲顿，用自己的心灵去珍惜每一个日子，每一点感动。"

擦拭青春

>> 艾明波

与其说在人生的黄昏无奈地去擦拭过去的岁月，莫不如恰在之蓬勃的季节镀亮青春的容颜。

走在青春的季节，正如走在春天的大街，所有的景色都是缤纷的景色，所有的微笑都是灿烂的微笑。的确，人生的这一段光阴满满地装着勃勃的生机和美丽的花朵。当我们尽情地享受这一片美好的时光之时，却很难想象那许多走过了这个季节的人们对她的那种深深的怀恋和甜蜜的回忆。

他们在用心灵去触摸逝去的日子，他们在用目光去擦拭不老的青春。

暖暖的阳光，铺开了一个鲜艳的日子，温馨而倔强的风唱在高高的枝头和蓝天之上。芳草地上，我和女儿正在放着风筝，可不知是我们的技术不好，还是风力不足，那风筝就是飞不起来。渐渐地女儿有些不耐烦了，便跑到野地里去寻找从地下钻出的那个绿色的春天去了。可我却没有放弃这样一个轻松的时刻，依然在那里认真地放着那个飞不起来的风筝。

女儿不肯放飞她的童年，我却要放飞我的青春了！想来，不觉好笑，不知是女儿领我放风筝，还是我领女儿放风筝。

就在这时，一位老大爷来到我身边，他的脸上洋溢着青年人的笑。他拿起了风筝，仔细地瞧了瞧，又认真地擦了擦上面的灰尘，显得很严肃也很庄重，像是自言自语又像是说给我听："这天儿，正是放风筝的好天儿，要是倒退三十年，我非糊一个大风筝不可，可惜哟。"说完，他便从兜里掏出一根布条，系在风筝上，然后轻轻地往空中一扔，那风筝便腾空飞起。

我放飞青春，而老人却擦亮了青春并为青春系上一个漂亮的花穗。望着老人高兴的神情，我的心猛然一颤：老大爷这是在寻找自己的青春之梦啊。

回到家里，遇到了我的哥哥，哥哥比我大许多，今年也有五十岁了。看见他的时候，他正翻着一个破旧的皮箱，并从那皮箱里找到了他青年时代留下来的日记本。他慢慢地擦着，小心地翻着，若有所思地想着。我知道，他在翻捡着旧日的时光，他在回味着那个他所经历的风风雨雨的年代，他也在擦拭着他那个曾经灿烂的日子，擦拭他那逝去的青春。他的手很轻，他的目光很深情……

是啊，对于那位老大爷和近似于老大爷的哥哥，他们的青春已经伴随着岁月的风尘走远了，留下来的只是一种美好的回忆，只是一个无法重复的过去。他们或许还心存遗憾，他们或许还留恋那个迷人的季节，然而，那个花季着实是一去不复返了。

与其说在人生的黄昏无奈地去擦拭过去的岁月，莫不如恰在之蓬勃的季节镀亮青春的容颜。

▣ 赏 析

生命，每个人只有一次，生命中的青春不仅短暂，而且也只有一次。

历史上那闭花羞月沉鱼落雁的美女何在？还有那祈求长生不老的历代帝王，不都成为过眼烟云了吗？江山依旧，物是人非，这就是历史，这就是自然。

趁青春要放飞青春，要使青春更亮丽。这样我们在人老珠黄时就会自豪地说：我无愧于青春。

■ 敢于说爱

>> 洪 烛

风景，永远在围墙之外；往事，永远在时间之外；而爱这个字眼，永远在古板的字典之外……

也许我们经常把这个字写在纸上却不愿念出声来，也许我们把这个字封闭在心里却羞于表白。它太沉重了，它太浪漫了，它总是不露痕迹地匆匆而去，又未曾预约地匆匆而来，以至你我在平凡的生活中不敢轻易地说一声：我爱……

好多美丽的机遇都这样失之交臂，因为不相信自己的眼睛和心，我们未能及时地把温情的门窗相对敞开。其实只要说啊，哪怕用最轻微的声音说那么一声，就可能把另外半个世界拥抱进胸怀。风听了也会陶醉，云听了也会明白，小草听了娇羞地垂下睫毛，还故意把小手摆那么一摆……那时，我们就会用微笑代替眼泪，用如愿以偿的幸福代替漫长得像一个世纪的等待。

是的，我们太怕了，我们害怕爱所带来的伤害，我们害怕欺骗，害怕没有回报的付出，更害怕心中的爱说出之后会变了滋味，失去色彩。于是我们终未跨上另一条道路，而只把孤独的日记本对着每一天的自己翻开；于是我们把沉默理解为成熟，在不敢开花的树下一次又一次徘徊，其实我们一直没有明白：风景，永远在围墙之外；往事，永远在时间之外；而爱这个字眼，永远在古板的字典之外……

我们没有必要把错过当成过错，也没有必要把昨天的幼稚一千遍地责怪。心还在跳着，眼睛还在充满期待，太阳落下了月亮还会升起来。相信道路吧，相信道路上每一个倾听着的站牌……

什么时候我们渴望成功，又不惧怕失败，什么时候我们想信一颗心足以把所有的门敲开，什么时候我们学会说爱，什么时候我们就懂得去爱！

赏 析

来到这个世间多么不易，你又何苦把自己封闭？何苦于美好多梦的夜晚独守一支孤笛，让灰暗的心思随那哀怨的旋律飘散飞逝？

看呵，其实这世间多么明丽，只要你轻轻地说一声："我爱……"一切的幸福都会涓涓流入你的心底，让"往事永远在时间之外"，让爱把那扇"温情的门窗"敞开……

记住："什么时候我们学会说爱，什么时候我们就懂得去爱！"

迎接世纪风的挑战

>> 吕殿逊

如果说企业之船已遇到了洲涡浪谷，你不但应该是船的纤夫，帆的经纬，舵的叶片，锚的缆绳，更应该是闪闪发光的航标灯。

企业之船在浩渺的商品经济大河上航行。社会上一时出现了无法理解的事情：研究原子弹的不如卖茶蛋的；拿手术刀的不如拿剃头刀的；上班的不如摆摊的……企业的主人，我年轻的朋友，此时，你不也想一夜成为富翁吗？对收入的高期望值和心理的低承受力，使你逐渐失去对职业的爱。我看见星光下的你，脱下工装背起了卖冰棍的箱子；马路上，你满是油污的手拎起了称盘。你虽然八小时尽心尽力的，可"优化组合"却把你打入了"编外"。你可以说是兢兢业业，可还为能否浮动工资捏一把汗。你横比这是不公平，竖看那也不合理。你不理解，为什么流通领域里一转手、一张条子就蹦出个巨贾富翁来？而我们工人大干苦干却依然受穷？

朋友呵，你说得对，说得好，你渴望公平，世界上也应该公平。虽然现实的改革存在着分配的不公平，但这只是暂时的。你可能已经看到了，经济治理已经全面铺开，以劳动为尺度的分配正在完善。如果说企业之船已遇到了洲涡浪谷，你不但应该是船的纤夫，帆的经纬，舵的叶片，锚的缆绳，更应该是闪闪发光的航标灯。

朋友，当今时代的改革之船是不会落帆的。承包、租赁、股份、兼并、拍卖、破产、失业等等，我们面临的是一个新的世纪，新的选择，新的挑战。如果你想获得真正的公平，真正的实惠，那就在企业这艘船上与厂长、经理们同舟共济、共渡难关，去迎接世纪风的挑战！

■ 赏 析

挑战，是一种激励。事业没有挑战，就不会辉煌；人生没有挑战，就不会前行；而企业没有挑战，就不会自强。

　　"收入的高期望值和心理的低承变能力"也是一种挑战，畏惧挑战，就会在挑战面前萎缩不前；迎接挑战，才能奋步前行。

　　迎接挑战，是一种精神，有了这种精神，即使是"企业之船遇到了洲涡浪谷"，你也可以成为"船的纤夫，帆的经纬，舵的叶片，锚的缆绳"，成为"闪闪发光的航标灯"，此时，挑战已非挑战，而是一种机遇。

我骄傲，我是东方的希望

>> 杨 康

我躺下，就是一片丰美的绿洲；我站起，就是一道崛起的山梁。

我骄傲，我是东方的希望，我骄傲，我有黄土般沉郁的肤色；有长城般伟岸的脊梁；有祁连雪峰般辽远的视野；更有大海般开阔的胸襟。风雨，洗礼过我的信念；苦难，雕塑过我的深沉；战争，磨砺过我的刚强。我躺下，就是一片丰美的绿洲；我站起，就是一道崛起的山梁。

任岁月书写我的历史，任土地承载我的世界，一辈辈的血，一代代的心，在马蹄下丈量过英雄的路程，在烽火中寻找过民族的希望。也许是偶然，也许是必然，我的心在与历史碰杯，在与世界碰杯，碰杯在睡狮惊醒的时刻，也碰杯在卧龙腾飞的辰光。

我骄傲，我是东方的希望。我是人类文明史上一声的呐喊，我是军功章上一束悲怆的火花，五千年了，我用血与火，抚平过地球的伤痕；我用光和热，叩响过历史的大门，我又以无畏的生命和精神，奏响了东方奋起的绝唱！

我骄傲，我是东方的希望，伟大的生命力在我灵肉的血脉中鼓荡，站在历史新的起跑线上，作生命的最后一次冲刺，以雷霆与闪电的速度，以飞鹰与高山的形象，在世界之林中闪光。

我骄傲，我是东方的希望……

赏 析

遥远的东方，有一片古老的土地；古老的土地上面，有一条滔滔的长河，就在这长河之滨，聚集着一群中华民族优秀的儿女。

我们的黑眼睛，饱含泪水；我们的黄肤色充满阳光；我们的赤子心，灼热似火。我们躺下，"是一片丰美的绿洲"；我们站起，"就是一道崛起的山梁"。

我们吼出了"人类文明史上一声呐喊","我们又以无畏的革命和精神,奏响了东方奋起的绝唱"。东方,是我们生存的家园,我们是东方的希望。

九月，检阅人生

>> 陈大明

九月，检阅人生，享受丰收的喜悦，承担歉收的责任，然后，你我站在同一条起跑线上，迸发一冬的力量，在春天出发。

又到了果实高挂的季节，又到了落叶纷飞的季节。

开始收获了，也开始萧条了，有人哭，有人笑——九月。

九月，擦干湿漉漉的汗，冷却火辣辣的情，从绿茵茵的芳草梦中走来了——一个伟大而深邃的月份，一个公正而庄重的月份，它感应着你的愿望，它回报着你的虔诚，它检阅着你的成绩。

不要待到桃花刺痛了你的眼睛，你才开始雀跃；不要等到夏阳灼伤了你的肌肤，你才开始后悔；不要盼到冬雪冻醒了你的神经，你才开始思索。你实在应于这个九月，面对秋树，把你的人生检阅。

你曾经付出了多少？今天又得到了多少？你是做得不够，还是运气不好？这一切，都呈现在你的眼前，你可以数着树上的果实，你可以握着新一所学校的入学通知单，你甚至看着奋斗了几年得来的分数远达不到录取线——认真思索，你掂量着手中的收成，问它承受了你多少次侍弄、多少次翻耕。

九月，太阳溢下发红的浆液，把春的柔情、夏的豪迈凝成沉甸甸的土地，给你讲着关于深刻和浅薄、繁华和萧索、喜悦和悲伤的故事，年轻的朋友，你的故事属于哪一类？

九月是清高的，它能检阅出你清高的人生；

九月是富有的，它能检阅出你富有的情感；

九月是惆怅的，它能检阅出你眼中的悔恨和辛酸；

九月还是深沉的，它能检阅出你有多宽的胸怀。

所幸的是，在九月里，你一切还来得及！你还有一个冬天的时间去哭泣、去冷醒、去做计划、去蓄聚力量啊。不管这个九月你收获多少，你总还来得及去矫正、去修剪、去整装待发。

九月，检阅人生，享受丰收的喜悦，承担歉收的责任，然后，你我站在同一条起跑线上，迸发一冬的力量，在春天出发。

■ 赏 析

走过桃夭杏艳的春，走过郁郁葱葱的夏，走入了"果实高挂"、"落叶纷飞"的九月。你的人生之树，将在此时接受检阅。

是有着累累的硕果？还是有着干枯瘦弱的枝干？你可曾努力汲取营养，努力向天空伸展？你可曾屈服风雨，怯懦地不敢成长？让九月来检阅这一切吧！检阅你是贫穷还是富有，是悔恨还是懒散。

假如你虚度了昨日，不要后悔，因为"你还有一个冬天的时间"，你可以在明年的春挽住韶光，在明年的夏留住祈盼，给生命之树以茁壮的枝干与满枝的绚烂。九月，会对你展开笑颜。

■ 预习青春

>> 大 卫

失败之时要预习成功，失望之时要预习希望，烦恼之时要预习欢乐，懦弱之时要预习坚强……

青春是一本厚厚的书。当上课铃声即将敲响，你要用激动的心情，把这本书谨慎地打开，像上语文课或者数学课一样，为了对知识更好地把握，你要把有关章节先预习一下——

预习勇敢。胳膊有劲了，身上长肉了，拳头捏紧了……生理上的这些变化证明着你是生龙活虎的，但你也切不可因此而胡乱动武。你要甄别哪些是勇敢，哪是荒唐，哪些是莽撞。其实，在深夜护送一个迷路的女孩回家，陪她走黑黑的路、深深的巷，这才是真正的勇敢。

预习真诚。青春莅临，脑袋瓜子越发变得聪明了，知道如何应付别人了，但你不要耍小聪明，不能撒谎也不能欺骗。有啥就说啥，说啥就干啥，干啥就成啥，人最怕也最讨厌的就是言而无信、虚伪欺诈，你要用青春的汗水浇开心灵这朵真诚的花。

预习初恋。青春期的你不知不觉地发现：喉结怎么隆起了？嗓音怎么变粗了？胸脯怎么饱满了？这时，你的身体内有一种东西在涌动，你有一种想牵住一个人手的欲望，朦朦胧胧之中你觉得初恋向自己走来。但是，你可要记住自己还太年轻，对初恋还仅仅停留在预习阶段，而且对初恋的预习并不是让你去谈恋爱，而是让你从杂志报纸，电影电视甚至别人的故事中去远距离地感悟初恋，你要在了解了初恋之后明白这样一个浅显的道理：熟透的果子最甜，早摘的青果太酸！

预习挫折。人生不如意的事十之八九，谁也无法光着脚板走一辈子坦途。别因长辈的一次批评、朋友的一次误解、亲人的一次责怪而消沉，甚至一蹶不振。你要理解青春、触摸生活，正确面对那些不期而至的挫折。连竹子每长高一些，都能把那些解不开的疙瘩当做成长的小节，何况有感情有思想的你呢?!

青春这本书还告诉你——

失败之时要预习成功；

失望之时要预习希望：

烦恼之时要预习欢乐：

懦弱之时要预习坚强……

总之，你要做好充分的思想准备，把青春的内容看透吃透。这样，当你胸有成竹地走进人生的课堂，你就能够用自信的目光，把理想的风铃碰出一阵鸣响，当岁月的铃声敲响第 15 下 16 下或者 17 下 18 下，你就可以自豪地说——

青春，你一定在我身上绚丽！

 赏 析

看过了太多有关青春的文章，而像这篇文章的构思如此巧妙，还真是不可多见。

"预习勇敢""预习真诚""预习初恋""预习挫折"构成了预习青春的全部内容，使人倍感清新，倍感亲切，文字中又透露着青春的气息，与文章题目相得益彰，妙极。

在青春的激动来临之前，我们一定要做好准备，以一个全新的面貌迎接它，我们才能拥有无悔的青春。

■ 感觉今日

>> 艾明波

感觉今日如同感觉一种氛围。

感觉今日如同感觉一片明媚。

感觉今日就是感觉幽幽的竹箫的鸣响，就是感觉岁月的脚步又一次踏向初旭的光辉。

静静地坐在时间的肩头，看一串串离去的背影涌动着，匆匆地将霞光追随。听古城上空的时钟滴答着，渐渐地将过去敲碎。此刻，我仿佛开始意识到：今日是人生这本大书的一切，是绝不可缺少的灿烂的章回。

它像狂劲的乐曲催促着人们走过无际的风景，更像优美的抒情诗，等待着人们去细细地品味。

鲜嫩嫩的阳光极好地铺展着一地的甜润以及上升的意念和活跃的思维，温柔的风似乎正在提醒人们把握住每一片光阴以及昂扬地潇洒注释生命的雄奇与珍贵，为的是不再有遗憾伴着苍老爬满黄昏的心藤，不再有愧疚的墓碑孤立在生命的结尾。

驻守在今天的旷野，让思绪漫步在昨天与未来之间，心淡淡的、清清的、柔柔的。

或许昔日的辉煌雕塑了你的优美和刚劲，但并不意味着今日你必将灿烂动人，因为，今日不是你生命的尽头，你还要塑造今日。而所有的今日必将以无与伦比的崭新的姿态挺立于你的面前，不是你检阅它就是它检阅你。那么，你何以忍心让活泼而鲜艳的今日在你的手里黯然失色，如一溪泛不起浪花的流水?!

或许往日的故事你没有写好，刚刚有了开头就失去了结尾。那么就让我们重新开始好吗，因为今日并不是昨天，昨天已走进了历史，你该感觉今天的景色是因你而变得这般妩媚。

或许你还等待明天，盼望明天会有一片灿烂的朝霞并且无阴云低垂，那么，我们在憧憬的时刻为什么不把今日的天空擦得晴晴朗朗，为什么不给明天的黎明留一份绚丽的积累。

　　与其在过去和未来之间沉醉，莫如把今日的真实融入辛勤的汗水，一切都是从今日开始，今日就是你的节日，今日就是令你生命崛起的惟一机会。

　　一生只有一个今日，那么让我们善待它好么?!

　　今日的味道极好，像一杯浓浓的咖啡……

 赏 析

　　"昨日"使人无限眷恋，"明日"给人美好憧憬，惟有"今日"还原生命以真实。

　　作者流畅的语言，深沉的格调，给人毫不做作的真实感，如同一个睿智的老人在讲叙一个极有哲理的故事，读完之后收获颇丰。

　　昨日的荣辱都已过去，留下的不过是残破的记忆，而明日的祝福都是未知的，但是有一点可以肯定：今天的成功与否会为明天的成败奠定基础。所以，只有把握好今日才是最重要的。

　　一生只有一个今日，我们要认真对待。

你是富翁

>> 霜 枫

你是富翁！尽管你一无所有，可你拥有年轻！年轻便是一笔财富呀！而且是世界上最令人羡慕最有价值的财富！在这笔财富面前，世界上任何东西都黯然失色。

在金钱主宰这个世界的今天，哪个人不想当富翁?！那么，能读到这篇文章的青年朋友，你应该自豪了——因为，你就是富翁！

"富翁?"你大摇其头：别开国际玩笑了！我们穷得抽不起"万宝路"，穿不起"阿迪达斯"，不敢进"夜总会"、"卡拉OK"，甚至连一本畅销书都舍不得买，叮当山响的穷光蛋，"富"在哪里？

是呀，"富"在哪里？我知道你说的是实实在在的心里话，说的是实实在在的现实——你可能是寒窗苦读的中学生，还不到挣钱花钱的年龄；你可能是跨入"骄子"行列的大学生，靠父母的血汗在拼搏，本该是潇洒的时候却囊中羞涩；你可能是待业在家的青年，正为找不着门路发财而愁眉不展，苦苦思索；你可能刚刚参加工作，捏着几张微薄的人民币不知所措；你可能是土生土长的农村青年，望着弯弯的乡间小路，不知如何才能走进富裕的生活……

即便如此，我还是肯定地说：你是富翁！尽管你一无所有，可你拥有年轻！年轻便是一笔财富呀！而且是世界上最令人羡慕最有价值的财富！在这笔财富面前，世界上任何东西都黯然失色。

是的，年轻就是财富。虽然你现在还只是一株稚嫩的幼苗，然而只要坚韧不拔，终会成为参天大树；虽然你现在只是涓涓细流，然而只要锲而不舍，终会拥抱大海；虽然你现在只是一只雏鹰，然而只要心存高远，跌几个跟头之后，终会占有蓝天……

应该羡慕和钦佩世界上的巨贾大亨，那是拼搏和奋斗的结晶；也应该自信自己是富翁，因为你还年轻。美国一位亿万富翁望着朝气蓬勃的年轻人，无奈而又遗憾地宣布：如果可能，他愿意用他所有的财富买回年轻！如此，你还不为自己骄傲吗——

你这个富翁！

■ 赏 析

只是因为年轻！

"年轻就是财富！""年轻就是资本！"作者大声地向所有人呼喊，是的，年轻真的是美丽的，因为年轻我们有很多的特权，因为年轻我们有重来一次的机会，因为年轻我们有失败的权利，因为年轻我们可以跌倒了再爬起来。

大段文字的铺垫，为下文的说理奠定了坚实的基础，毫无夸张地娓娓道来，使我们感觉连贯且自然，读完之后顿觉精神百倍！让人感觉我们真的拥有"年轻"这个无可比拟的财富。

我就是富翁！

有梦才有远方

>> 罗 西

因为有了梦才有梦想；有了梦想，才有了理想；有了理想，才有为理想而奋斗的人生历程。

雪野茫茫，你知道一棵小草的梦吗？寒冷孤寂中，她怀抱一个信念取暖，等到春归大地时，她就会以两片绿叶问候春天，而那两片绿叶，就是曾经在雪地下轻轻地梦呓。

候鸟南飞，征途迢迢。她的梦呢？在远方，在视野里，那是南方湛蓝的大海。她很累很累，但依然往前奋飞，因为梦又赐给她另一对翅膀。

窗前托腮凝思的少女，你是想做一朵云的诗，还是做一只蝶的画？

风中奔跑的翩翩少年，你是想做一只鹰，与天比高？还是做一条壮阔的长河，为大地抒怀？

我喜欢做梦。梦让我看到窗外的阳光，梦让我看到天边的彩霞；梦给我不变的召唤与步伐，梦引领我去追逐一个又一个的目标。

1952 年，一个叫查克·贝瑞的美国青年，做了这么一个梦：超越贝多芬！并把这个消息告诉柴可夫斯基。

多年以后，他成功了，成为摇滚音乐的奠基人之一。梦赋予他豪迈的宣言，梦也引领他走向光明的大道，梦启发了他的雄心，他则用成功证明了梦的真实与壮美——因为有了梦才有梦想；有了梦想，才有了理想；有了理想，才有为理想而奋斗的人生历程。

没有泪水的人，他的眼睛是干涸的。

没有梦的人，他的夜晚是黑暗的。

太阳总在有梦的地方升起；月亮也总在有梦的地方朦胧。梦是永恒的微笑，使你的心灵永远充满激情，使你的双眼永远澄澈明亮。

世界的万花筒散发着诱人的清香，未来的天空下也传来迷人的歌唱。我们整装待发，用美梦打扮，从实干开始。等到我们抵达秋天的果园，轻轻地擦去夏天留在我们脸上的汗水与灰尘时，我们就可以听得见曾经对春天说过的那句话：美梦成真！

■ 赏 析

　　如果说人生是一次旅行，那么梦想便是方向；如果说人生是一次飞翔，那么梦想便是翅膀。

　　"雪野茫茫，寒冷孤寂"之中，小草依然怀抱一个绿色的信念；"候鸟南飞，迢迢征途，依然向前奋飞"，因为她的梦在远方。那么，年轻的我们又当如何呢？

　　是的，"太阳总在有梦的地方升起，月亮总在有梦的地方朦胧"，年轻的我们拥有梦想，梦想拥有瑰丽的人生，所以我们毅然奔向远方，用汗水去争取那句话：美梦成真！

■ 提醒青春

>> 马　德

　　珍惜每一个日升月落，珍惜属于生命的分分秒秒，因为青春只有一次。

　　当我攀上泰山之巅，一览众山小之后，再看涛走云飞，花开花谢，感到人生易老青春易逝。于是我提醒自己，珍惜每一个日升月落，珍惜属于生命的分分秒秒，因为青春只有一次。

　　当我面对壶口瀑布，看天际奔涌而来的黄河之水，在这里挥洒成雄浑的气势，震撼我的心灵，于是我提醒自己，不要过平庸的生活，要让自己的青春轰轰烈烈起来，因为青春的风景里不需要沉郁的色彩。

　　当我走过蒙古荒原，在夕照簇拥有的古堡下站定，看大漠孤烟长河落日的壮美景象后，回望来时的艰难，我提醒自己，任何时候都不要悲观，因为青春的字典里找不到眼泪。

　　当我登临古黄鹤楼，看浩瀚的湖面上，叶叶扁舟如落叶一般在浪尖上飘摇，顿感世界之博大，个人之渺小。于是我提醒自己，无论取得任何成就都不要骄狂，因为青春是不断地登攀。

　　青春给予我们激情，我们就要热烈地拥抱生活；青春给予我们力量，我们就要执著地拼搏追求，青春给予我们思考，我们就要理智地处人面世；青春给予我们勇气，我们就要无畏地接受挑战……青春给予我们一切，我提醒自己，要以最成功的姿态回报青春。

　　年轻的朋友，青春不会再来。无论在城市的林荫小道，还是在乡下的田间地头；无论在宽敞明亮的教室，还是边远偏僻的矿山；无论在异域，还是在他乡，只要是青春的拥有者，我们就要时刻提醒自己，是花就要绽放，是树就要撑出绿荫，是水手就要搏风击浪，是雄鹰就要展翅飞翔。

■ 赏析

　　青春，它像朝霞，蒸腾着热气，闪发着热量，放射着光艳；青春，它像溪水，洋溢着欢乐，奔腾着希望，创造着自我。

　　然而，可叹的是，并不是每个人都能理解青春，青春的时间在每个人手中的份量，是千差万别的。"青春给予我们激情，给予我们力量，给予我们思考，给予我们勇气……青春给予我们一切。"当青春来到时，不晓得珍惜；而觉醒时，青春已悄然逝去，这是多么遗憾呵！

　　人生的收获，要在青春洒下理想的种子，洒下辛勤的汗水，浇灌希望的绿野。

接受打击

>> 大 卫

人生其实更像一座钟，总是受到打击之时，才释放出自己美丽的心声，那悠扬的声音，一声比一声悦耳，一声比一声从容。

这世界上有许多事情的发生是难以预料的，生活的变化也绝不以人的主观意志为转移，所以活在世上，难免不会受到突如其来的打击。

就像我的一位亲戚，年前正准备回家过春节，谁知他在马路上骑车往回赶的时候，却被一辆急速飞驰的轿车擦倒，结果把大腿撞成粉碎性骨折，那晚恰巧该我值夜班，把他抬上拍片床的时候，虽然左腿疼痛难忍，但他依然对我轻轻地说：慢慢地拍，我能挺得住的。

给他拍 X 光片子的时候，我内心滋生出一股无名的感动。平时接触的像他这样的外伤病号不少，但当那些人得知自己惨遭不幸的时候，往往声嘶力竭地叫唤：哎哎，我不行了，医生，快救救我……疼死我了……

这些人所以如此呼天抢地地嚎叫，一方面确实是因为疼痛难忍；另一方面，也就是最重要的一方面，他们接受不了生活的意外打击，当这种打击来临之时，他们往往有恐惧感、悲观感和极度的失落感。

有的人接受不了高考落榜的打击而一蹶不振。

有的人接受不了失恋的打击而意志消沉。

生活就是这样，它给你鲜花也给你荆棘，但是，光懂得这个道理还不够，还需知道：即使荆冠扣到自己头上，也不措然慌张。像我的那位亲戚，他自知春节是无法在家过了，但是，在医院里他依然有说有笑，依然把病房外的那轮月牙看成一个怎么也吃不完的水饺，由于他始终以一种积极的态度对待自己，所以他的骨折愈合情况比别人的要好。

由此我想，人生像一条河，它的流动本身就说明它的不平静。在流动过程中，受到几枚石子的打击，它只是大度地笑笑，泛几朵水花，绕几个漩涡，又流向了远方。

人生其实更像一座钟，总是受到打击之时，才释放出自己美丽的心声，那悠扬的声音，一声比一声悦耳，一声比一声从容。

■ 赏 析

最简洁的语言却揭示出了一个深刻的道理：人贵坦然。走过人生就如攀登一座山，你难免会遇到荆棘遍地，险关重重。荆棘也许会刺破你的躯体，险关也许会阻挡你前进的脚步。你是否也如那位"亲戚"一样坦然面对自己的挫折和打击呢？

正如文章所言"这世界上有许多事的发生是难以预料的……难免不会受到突如其来的打击"，但这并不重要，可贵的是你是否也如那位突遭车祸的人一样也拥有那份坦然与从容。

也许在你这样做后，你会发现"柳暗花明又一村"！

■ 在青春中熔炼生命

>> 王书春

青春是火热的，在青春中熔炼年轻的生命，人人都可成为勇士。

勇气像一面旗帜，激励人们前进；勇士是一种力量，鼓起众人的志气，而懦夫则像一种传染病毒，会使很多人染上胆怯不前的病症，会使一个体力健壮的人一步步走进精神的坟墓。

懦夫一生死过多次。

是因为——

每经受一次失败，就是一次精神死亡，颓废的情绪笼罩着生命；

每经过一次坎坷，就是一次自我否定，垂头丧气地徘徊在人生的十字路口；

每一次失望，都用绝望把五彩的天空抹黑，让精神世界一片黑暗。

每遇一次坎坷，都增添一份勇气，向更高的山峰攀登。

勇士视坎坷为一双鞋，视艰辛为加油站，这一切只能激励他更快地前行。

"困难是我们的恩人。"先哲们告诉我们人生的真谛，勇士就是这样的一些人。

懦夫永远让路留在眼前，因为他眼盯着坎坷、艰辛、困难而不敢前行；

勇士永远让路留在身后，他们去创造新路，他们把克服困难、超越坎坷、排除艰险视为一种人生乐趣。

愿勇士的精神似强劲的东风，吹开我们心中懦弱的冰河，使我们走进勇士的行列；

愿勇士的人格长成参天大树，结出丰硕的果实，成为我们的精神食粮；

愿勇士的形象成为一座座丰碑、树立在我们心中，激励我们永远无敌。

青春是火热的，在青春中熔炼年轻的生命，人人都可成为勇士。

■赏析

青春并非粉颊红唇和体魄的矫健，它是情感活动中的一股勃勃朝气，是人生春色深处的一缕清新。青春是公平的，青春又处处充满着荆棘。岁月可以在皮肤上留下皱纹，却无法为灵魂刻上一丝痕迹，失败、坎坷、失望才使人伛偻于时间的尘埃之中。

"困难是我们的恩人。"先哲们告诉我们人生的真谛。在火热的青春中，我们要努力做青春勇士，"在青春中熔炼年轻的生命"。

■ 青春，我们不要孤独

>> 杨绍球

让哲人们孤独吧，他们有他们深刻的思想。让诗人们孤独吧，他们有他们玄妙的灵感。青春，我们不要孤独。

即使青春是一枝娇艳的花，但我明白，一枝独放永远不是春天。春天该是万紫千红的世界。

即使青春是一株大地伟岸的树，但我明白，一株独秀永远不显挺拔。成行成排的林木才是遮风挡沙的绿色长城。

即使青春是一叶大海孤高的帆，但我明白，一叶孤帆很难远航，千帆竞发才有大海的壮观。

真的，自从那一天，我们终于齐刷刷地站成了青春的模样，我也终于深深地体会到，青春，我们不要孤独。

青春渴望有我挽着你的手走向遥远；青春渴望有你凝望着我的眼神走向遥远；青春渴望有他一句深情的祝福陪伴着走向遥远。

青春，我们不设围墙了，让我心中的春天连着你心中的春天。春天处处。

青春，我们打开窗户吧，让我心灵的阳光映着你心中的阳光，阳光处处。

青春，我们放开歌喉哟，让我心灵的歌唱伴着你心灵的歌唱。歌声处处。

也许，我们永远不能像哲人们那样孤独地生活，我们永远不能像诗人们那样孤独地吟唱，也许只有这样，我们才能真切地感受到青春的美好，青春的希望。

让哲人们孤独吧，他们有他们深刻的思想。

让诗人们孤独吧，他们有他们玄妙的灵感。

青春，我们不要孤独。

■赏 析

正如"春天万紫千红";正如"成行成排的树木才能遮挡风沙";也正如"千帆竞发才有大海的壮观"。青春应是锣鼓齐鸣,青春应该有彼此的心跳……"青春,我们不孤独"。

我们"不要孤独地生活",我们"不要孤独地吟唱","让哲人们去孤独吧,他们有他们深刻的思想;让诗人们去孤独吧,他们有他们玄妙的灵感。青春,我们不要孤独。"

聆听吧,作者已为我们奏响了悠扬的圆舞曲,让我们拉着彼此的双手,姗姗起舞吧——"青春,我们不要孤独"!

友情——心灵之默契

>> 陈敬容

友情绝对唾弃这类的自私和骄傲。它谦虚地向世界凝望，向人生凝望，永远在寻觅宝贵的启示。

永不涸竭的感情之泉源，深沉的心之默契，愉快的灵魂之交流……

友情呵，奉献你以最纯洁的花束。从你，一些美丽高尚的情操得以滋生：亲爱，信赖，督促，互助和牺牲。

美丽的赤子，人之子啊，面对着你这些瑰丽的礼物，你能不感奋？

当友情以如此澎湃的水流向你倾泻，你能不感到幸福么？而这种倾泻又丝毫不依仗血统、历史等等呆板的关系，它是自在地翱翔于任一角落的，当你自己的羽翼触碰到它的羽翼时，即使发生一度铿锵的和鸣。

友情既是如此纯洁的德性，它便没有男女的界限。

我知道有些人时常高踞在自己的宝座上，时时向所有别的人们显示着骄矜的颜色。"你应该崇拜我。""你应当爱我。""你应当为我效劳。"——这便是他们所想的。

友情绝对唾弃这类的自私和骄傲。它谦虚地向世界凝望，向人生凝望，永远在寻觅宝贵的启示。它从不需要盲目的崇拜，因为那往往给一个人造成危险的自满。它努力先去爱别人，然后从别人处收受爱。它给出所有它可能给出的宝贵东西。它快乐地甘心地给出，绝不在给与时奢求回报。回报自己会来。但这也并非按着"种瓜得瓜，种豆得豆"的一定程序。回报也许永远不来。但是给出吧，给出所有你可能给出的一切，而这种给出本身就是无比的快乐。

给出爱——亲切的真挚的友爱，给与你以为值得你敬仰，值得你同情，值得你帮助，或是值得你牺牲的人们。

漠视，怀疑，自私、懦怯……都是友情的障碍。

美丽的赤子，人之子呵，推倒那些障碍，践踏它们，在它们上面跳舞吧，踏过它们，在最青葱的友情的草原，将你纯洁的心灵赤裸裸地袒示。

于是宇宙热闹起来，人生繁荣起来，再没有"孤零"或"寂寞"

侵蚀你蓬勃的生命。在你的悲哀中你有陪行者了，你的悲哀将变得温柔；在你的苦难中你有陪行者了，你的苦难就更为坚实了。

更为坚实！因此苦难只是一种挫折，而不能成为一种灾祸了。经由这些挫折，你的力量反而更为新鲜活泼。

而当你在欢乐之中，友情的偕行将更使得你的欢乐颜色绯红；在你的幸福中，友情的偕行更能令你的幸福灿烂光辉。

正如悲哀和痛苦有时需要向人诉说，欢乐同幸福也是一样。将你的欢乐同幸福分给你不幸的女友，他们将会因你友情的慰藉而忘去自身的不幸；分给你幸福的友人，也只能增加共同的光辉。

美丽的赤子，人之子呵，在沙漠中，在荒岛上，作友情的偕行吧，你们将望见绿洲，望见碧岛了。在繁花照眼的春之园林，在硕果累累的秋之园林，你也作友情的偕行吧，那些花将飘落在你们的发际，那些果子将堕落到你们的脚边。

■ 赏 析

身边的许多人，从许多方面传达出这种信息：或是有着浓重的戾气，或是有着太多的痞气，或是油滑过人，或是狡黠成精，或是自恋成性，或是撒谎成性……似乎感觉已没了可亲近的友人。心与心的远泊，情与情的疏远，使每一颗心都"涸渴"地期待着真情的降临，可很少有人向前迈进一步。

"硕果累累"的友情，一生的渴望，一生的寻觅；"友情的偕行"，一心的追思，一心的共鸣。

年轻，无权享受

>> 罗 西

年轻是追赶太阳的壮丽，而不是守候月亮的无聊；年轻意味着拥抱现在，并最终占领未来！

那个举杯摇晃，重复"没醉没醉"的酒鬼不是你；那个倚花弄草、贪图享乐的不是你……

你是忙碌而微笑的那个，你是自信而流汗的那个。你看到年轻的可爱，更明白青春的宝贵。

年轻无权享受，年轻无权闲适。

青春只有证明，青春只有奋斗。

年轻是追赶太阳的壮丽，而不是守候月亮的无聊；年轻是一座充满竞争的城市，而不是一处安静归隐的山庄。

依靠祖宗而住进宫殿者，心灵却没有依托；坐享其成者，还有什么资格谈论年轻的滋味?!

用自己的双手描绘理想，以艰辛的努力达到理想，这才是青春的摇滚，这才是年轻的本色与豪情。

年轻不能没有爱情，但不能沉湎于爱情；

年轻不能没有歌舞，但不能丧志于歌舞；

年轻可以一无所有，但不甘于一无所有。

年轻意味着拥抱现在，并最终占领未来！

年轻无权享受——这是青春的呼喊，这是青春的宣言！

■ 赏 析

在笔者激情的呼喊中，让人不禁追思年轻本真的含义。

年轻，是个令人欣悦，向往的命名，对每个人都很公平，但也会偏爱懂它的生命——为将来而争取现在的人。年轻是个很深的概念，不思者对它只是走马观花，像过场戏，作不出无悔的抉择更不会有"年轻的可爱"。年轻犹如满地银光的大道，中间却隐藏着不知的泥潭，陷进去，便会有年轻的永憾。

"年轻无权享受"，因真正年轻的路很长，一辈子也走不完。

激情的期待

>> 王安雄

期待你的日子，会有彩蝶从远方捎来问候。期待你的日子，会有火焰从暗处给我支撑。

多少激情，在每一年的起始，期待着春天的你去寻求属于自己的位置。

多少希冀，在新一年的开篇，期待着春天的你去启开一片流光溢彩的花季。

幼儿园的孩子，期待你去把他们装扮得更加美丽；敬老院的长者，期待你赠给他们更多的朝气。

画家，期待你的春风牵引来从未见过的色彩；

诗人，期待你的春雨滋润出从未展现过的语意。

冷静的雪山因你而生情，弹起了丁丁冬冬的琴弦；粗犷的大海因你而奔放，扬起了白帆点点。

最是江河热烈，爱你爱得激荡不已。

最是峰峦沉默，爱你爱得迷蒙含蓄。

有时，我像一个青年学生，想的是如何珍惜你；有时，我像一个边防战士，想的是如何护卫你；更多的时候，我像那厚实的土地，想的只是永远永远地将你珍藏在心里。

期待你的日子，会有彩蝶从远方捎来问候。

期待你的日子，会有火焰从暗处给我支撑。

■ 赏 析

泰戈尔曾说："激情是鼓起船帆的风，没有风，帆船就无法航行"。笔者"激荡不已"的激情撑起了"期待你"的帆船，仿佛在眼前全速航行。

"期待你的春风"，会撩开灰暗的心纱；"期待你的春雨"，将洗去岁月的浮尘；期待着将你"永远珍藏在心里"，幻化成饱满的激情，再度期待你……总之，"期待你的日子，会有火焰从暗处给我支撑"。

对于生活，人，又有多少激情期待呢？

成 熟

>> 马 德

有成熟的思想指导，能屹立一个伟大的民族；用理智的头脑面世，会走出一个成熟的人生。

成熟与否，并不是简单的年龄大小划分，而是内在气质的流露。

有的人成熟早一点，有的人成熟晚一些，有的人甚至一生都没成熟。没有成熟，而以长者的身份指手画脚，只能叫倚老卖老。

成熟的人明理，言谈稳健，举止干练，处理问题从容而又冷静。成熟的程度，往往在问题的处理上，表现得深浅有别。

言谈表现得成熟了，而行动不成熟，是自诩的成熟；行动成熟了，而言谈表现出不成熟，是自隐的成熟。成熟，更多在行动上表现出来。

刻意伪装自己的不成熟，本身就是一种不成熟的体现；而无意表露自己的成熟，实际上是一种成熟的反映。

玩聪明，乱是非，逢人能翻云覆雨，是成熟的奸滑，耍圆滑，卖老练，凡事要老谋深算，是成熟的世故。

成熟的爱情，是婚姻完美的前提；不成熟的爱情，是婚姻破裂的隐患。

做人做事，有成熟的谋略又谨慎为之者，纵然失败，也不失成熟者的风范，因为失败只是力所未遂的意外；而无成熟的思考就鲁莽为之者，即使成功，也属侥幸，也还是一个不成熟的人。

成熟的人偶尔干了件不成熟的事，很平常；不成熟的人突然干了件很成熟的事，却很可贵。由不成熟走向成熟，这是第一步。

成熟的可贵之处就是使自己成为自己的主人，不再受别人和自我感觉的随便奴役。

金钱，是一种财富，但只会短暂拥有；成熟，也是一种财富，却能享用一生。

因没有成熟，干不出成熟的事，会自我失落。而成熟了，却不干成熟的事，是自我亵渎。

有成熟的思想指导，能屹立一个伟大的民族；用理智的头脑面世，会走出一个成熟的人生。

 赏 析

　　"成熟与否，并不是简单的年龄大小划分，而是内在气质的流露。"
作者开篇点题，一语道出了成熟与不成熟的本质区别。

　　作者以十分精炼的语言，对种种情况进行分析，把"成熟"这个
话题上升到了理论的高度，以其独特的见解对成熟进行了诠释，使人受
益匪浅，对成熟的认识又更进了一步。

　　我们有理由相信："有成熟的思想指导，能屹立一个伟大的民族；
用理智的头脑面世，会走出一个成熟的人生。"

■ 即 使

>> 吴建勋

即使在通向成功的道路上没有灯光，我也要摸索着辨认那紧闭的命运之门，然后举起手来咚咚地把它敲响。

即使横在我面前的是一条没有渡口的江河，只要能穿过晨雾眺望一下对岸的风光，我就不会感到沮丧。

即使前行的路上没有旅伴，只要有小草、山花相伴，我就不会感到孤寂。即使山道多么陡峭，我也要不停地攀登；即使累倒在半山腰到达不了峰顶，总要比在山脚下看得更远。

即使土壤多么贫瘠，我也要播下种子，并且用心血和汗水去浇灌，我相信我不会一无所获。即使我不能获得掌声和鲜花，我也要潇洒地走上舞台，让更多的人熟悉我的声音。

即使春日没有太阳，我也要站在沙滩上放飞我幽囚了一冬的思绪。

即使明天大雨滂沱，我也要去郊外的田野上漫游，让青春的风帆鼓荡起绿色的情思。

即使在通向成功的道路上没有灯光，我也要摸索着辨认那紧闭的命运之门，然后举起手来咚咚地把它敲响。

■ 赏 析

短小精悍，寥寥数语，却道出了深刻的哲理，给人多么深刻的回味！

即使没有渡口，只要眺望一下便不沮丧；即使没有旅伴，只要有小草便不再孤寂；即使累倒在半山腰，只要比山脚看的更远便无悔。人生有太多的无奈，太多的即使。

别太在意即使，把空白当作解脱，在纷纷攘攘的世界中，懂得安慰自己才会有快乐。生命中的即使无须太多，只要忘记"即使"也是一种洒脱。即使没有太多的骄傲我们仍有自豪的权利！别忘了。

校园阳光

成 材

>> 汪国真

对于一个意志坚强的人来说，逆境会使他平添风采，却不容易改变他成材的趋势。

大处着眼，小处着手，这是成材的最基本方法。有一些人好高骛远，只热衷于标新立异，不屑于做那些看似微小的事情，这样，他永远只能是一个空想家。

环境对于一个人能否成材是重要的，古人云："地薄者大木不产，水浅者大鱼不游。"诚如斯言。

别人的嫉妒可以激励我们更加上进；别人的攻陷可以教会我们更加谨慎；别人的贬低可以使我们学的更加从容；别人的中伤可以使我们变得更加超脱。许多看似对自己很不利的事情，只要处置得当，不仅会使我们更加成熟，而且可以加快我们成材的步伐。

我喜欢竞争和挑战，这样有助于更大程度地发挥自己的潜能。

没有强有力的竞争，赢了也不光彩。

即便我们精神的财富像克罗伊斯物质的财富一样富有，也并不表明我们已经成材了。

对于精神财富，最重要的不在于贮存了多少，而在于运用了多少。

"怀才不遇"时，常有不为人识的苦恼；"木秀于林"时，常为风来摧之困扰。

成材者前方的旅途，不是大路是小道。

想成材的人，往往喜欢赶时髦；赶时髦的人，往往并不能成材。

成材需要独创。

对于一个已经成材的人，最容易把他毁掉的不是别人，而是他自己。

在顺境中成材，只要有足够的天赋和良好的教育就够了。在逆境中成材还需要有意志，对于一个意志坚强的人来说，逆境会使他平添风采，却不容易改变他成材的趋势。

■ 赏 析

成材是人的一生最美丽的归宿！可以说，人的一生都在朝成材放马追逐！

成材是一个甜美、艰辛的过程，也是一个熔炼生命，铸造超拔人生的过程。

探索成材的甬道，笔者告诉我们："大处着眼，小处着手"，勇敢验证自己的内存，积极参加强有力的竞争，果敢征服环境，包括崎岖的逆境和平坦的顺境。

不论怎样，成材都是一路走来的深深履痕的高升！

未来，请不要失约

>> 陈 勇

未来啊未来，请不要失约！你看我的足迹，已遍及往日的每一页。

每一次抬头仰望黑夜，都想用视线拴住那流星般消逝的岁月；每一条沿着初衷盘旋而上的思路，都不想因为一块巨石的突然呈现而遭到拒绝，然而我们所置身的世界，不可能这么轻易地向我们胸中挥动的每种愿望倾斜，也不会因为谁对所发生的以及未发生的某种东西不甚理解，而将不忍看到的段落从眼前一删节。

也许生命的存在本身就是一次理想对现实的狩猎。

多少次守望，等待时间走出记忆的巢穴；多少次梦呓，呼唤浪漫而美丽的音符撒满视野。划过云隙的鸟雀，把颗粒大的阴影投在我们心灵的疆界，于是我们便渴望飞翔，幻想以有力的翅膀去领略每一个季节。水中自由自在游荡的鱼，使我们的憧憬容纳了浩瀚的海洋，希图通过一朵小小的浪花，去探视那变幻莫测的蓝色世界。

是的，过去的祝福不容忽略，美好的理想从来都不会停歇。

哪怕从黎明穿过时，草尖上的露珠打湿我们多年的布鞋；哪怕成熟之后的落叶，无意中泄露我们涌动的血液。该做的都已经做了，如此坦然地走上通往下一个目标的大街，即使头顶之上正酝酿着一场风雪，又怎能将这条道路拦截？

未来啊未来，请不要失约！你看我的足迹，已遍及往日的每一页。

赏 析

俯首这篇文字，回忆着往昔自己的足迹，原来，也"已遍及往日的每一页"，心里真想喊出："未来，请不要失约！"

此刻，心里在构画着犹似笔者的场景：冲着黑夜，我喊：未来，请不要失约！面对流星，我默许：未来，请不要失约！沿着初衷的山路，我合掌祈祷：未来，请不要失约！追随"划过云隙的鸟雀"和"自在游戈的鱼"的身影,我呼唤:未来,请不要失约!……

重复着,重复着,终于我明白:"我们所置身的世界,不可能向我们胸中挥动的每一种愿望倾斜",于是,抚摸着理性的小鸟,认定:未来不失约的前提是自己的现在不要失约!

生命的绿意

>> 王贵刚

让山光水色去清秀它们自己吧，让人群从远处走来或从身边擦过吧，我只以生命独有的绿色答复对生活的谢意。

北方三月。乍暖还寒。绿意隐约。

遥看向阳坡那片倔强的草地，街畔摇曳的柳枝，一抹嫩绿，一丝鹅黄……三月风传达大自然渐渐泛绿的情感，这番景象都是我们可以领会的睿言爱语……

然而，青春无季。生命的绿意不只在三月显露，不用说松柏的坚韧，不用说秋菊雪莲的独傲，真挚地生活真挚地爱，那便是你心中永驻不凋的绿意。

生命的绿意是这样铸成的：任岁月无情，你童贞如初心热如初；任羁旅劳顿，你不歇不辍一如既往；任花季深深喧嚣纷攘，你只愿意默守一枝的宁静；群鸟圆润雨腻云香，你只在契合的旋律里撷取一种风流；纵然是寒凝天边的落雪之夜，你仍无怨无悔以赤烫之浆浇灌不死的信念塑造活人的筋骨。

生命的绿意是这样赢得的：不强求似花的娇艳，却拥有新鲜活泼的内质美丽；不强求占有的富足，却拥有亦歌亦哭的饱满情怀；不强求呼朋引伴飞花醉月的浮华，却拥有淡漠中的每一个日子；珍惜自己聚散的小小收获，也不强求曾经的沧海巫山；何妨迁移，湿润的泥土总有眷恋久长；纵然是亦风亦雨的阴晦之夕，你也不能辜负已然开启的心愿，因为前面等待你的是无法拒绝的初夏的辉煌。

朋友，你已有了这样一个出色的开端，那么留下你对春天的宣言，朝前走：让山光水色去清秀它们自己吧，让人群从远处走来或从身边擦过吧，我只以生命独有的绿色答复对生活的谢意。

▇ 赏 析

"北方三月，乍暖还寒。"笔者用一种可贵的灵性浅浅吟唱着"生命的绿意"。回味文章，一缕蓊蓊郁郁翠绿欲滴的绿意弥满心膛。

　　没有绿，四季变得枯怜；没有绿，小鸟变得死板；没有绿，春天只为单调；没有绿，人生显得荒凉无际。

　　什么是生命的绿意？生命的绿意是"童贞如初热心如初"，是聪颖活泼的"内质美丽"，是"亦歌亦哭"的饱满情怀，是生命最原本性的纯粹！

　　寻觅生命的绿色在寻找一种不凡的轨迹！拥有生命的绿色等于拥有难老的生活渴念。

品味遗憾

>> 张玉庭

人人皆有遗憾，人生必有遗憾，为什么？

遗憾，字典上的解释是"不称心"，"大可惋惜"。既然如此，难道遗憾也值得品味？

是的，遗憾可品且意味极深长，不信请细品，如果没有父母双亡寄人篱下的遗憾，能有林黛玉那悲悲切切的诗文吗？再试想，如果《红楼梦》的结局果真是宝哥哥娶了林妹妹，满意得让人倒胃口，那还能叫世界名著吗？

原来，人生所有的悲剧都是在展现遗憾：荆轲刺秦王，遗憾，偏偏没刺中；普罗米修斯为人类盗来火种，遗憾，偏偏被宙斯钉在高加索的山崖上；屈原忠心耿耿，遗憾，偏偏碰上个昏庸的楚怀王；岳飞挥师北上正欲直捣黄龙府，遗憾，偏偏被十二道金牌招回了临安！靳开来以自己的血肉之躯为大家开路死得悲壮，遗憾，却偏偏没得半个军功章！

不是吗？细品上述这些遗憾的人，无一不是崇高者，而且，当人们用自己的滚滚热泪对上述种种遗憾扼腕长叹时，不是正在展示着一种人世间的最纯真最崇高的情吗！

应该说，人人皆有遗憾，人生必有遗憾，为什么？因为人人都有理想，而理想的最大特色就是高于现实，也正因为如此，现实的人才会在理想的门外久久徘徊，流连忘返！也许，这个追求理想的现实的人至死也未能叩开理想的大门，但，只要他追求过，奋斗过，拼搏过，他就无愧于人生！如果说这就是遗憾，那么，正是它，在闪耀着阳光一样的辉煌的亮色！

让我们的生命进入一种积极追求的辉煌状态吧！尽管并不是所有播种都意味着收获，尽管并不是所有的追求都能绽开花朵，但正如朱光潜老先生说的："倘若件件事都尽美尽善了，自然没有希望发生，更没有努力奋斗的必要。"因此，我们可以认定，遗憾乃是人生的一种必然，既然如此，何必拒绝遗憾！

■赏析

乳燕归来让人怀旧，物是人非令人伤感，想拥有的却错过了使人遗憾。可"倘若件件事都尽美尽善了，自然没有希望发生"，也没有五彩斑斓的渴念产生，"更没有努力奋斗的必要"，也不会有各种各样的心情。应该说，生活最有意义的回报应是心情，没有五颜六色的心情，或许这更是遗憾！

由于"人人皆有遗憾，人生必有遗憾"，不必刻意费神地追求完美。不论"播种是否意味着收获"，不论"追求能否绽开花朵"，用健康的心态和理性来体意遗憾，生命将拥有不老的心情，人生将变得意蕴中怀。

用好今天

>> 李含冰

熔炼昨天，我们可以把不需要的记忆忘却；用好今天，我们可以寻找到的一个新的向前延伸的成功的"亮点"。

一个女孩不顾父母和亲友的劝阻，带着亲友们凑集的加上一大笔借款南下"闯海"。然而，幸运之神并没有光顾这个女孩，她赔了个精光。

她站到了一座50多层的大厦顶上，想化作一朵无痛苦无烦恼无心理重压的悠悠白云，在万里晴空中随意飘动。晨风掀动着她的一身洁白的衣裙和一头瀑布般的黑发，轻抚她流溢着青春色彩的脸庞。在迈出走向大厦顶端边缘的最后一步时，她抬起头向东方看了一眼，恰巧看到初升的太阳又圆又大又红又亮，那数不清的万道金灿灿的霞光，是那么鲜亮，那么耀眼，那么动人。那一刹那，她感到燥热的心情爽了许多。太阳每天都是新的，人的心情每天也都是新的。抓住今天也许会有新的机遇，我为什么抱住昨天的失败不放而弃着今天的机遇不用呢？于是，她毅然地转回身，回到了洒满阳光的那座她曾一度渴盼投入到它怀抱的城市大街上，在新的一天的心灵田野上开始新的播种。如今，从失败中崛起的她，已是一家私营大企业的总经理，拥有几百万元的固定资产。面对成百上千封写给她的请教事业成功"秘诀"的女青年的来信，她的回答只有一句话：在失败的时候要告诫自己，太阳每天都是新的，人的心情每天也都是新的，还有成功的希望在前边，要大胆地去寻找。

愚昧的人陷入昨天的苦痛中"软化"自己的脊骨；明智的人看重今天珍惜生活赠送的新机遇。我们常常不是失败在昨天，而是失败在没有很好地利用今天。熔炼昨天，我们可以把不需要的记忆忘却；用好今天，我们可以寻找到的一个新的向前延伸的成功的"亮点"。

对于每位有追求的人来说，可能会有许多个应该熔炼的昨天，也都有许多个萌发希望的今日。把一个个今日穿在一起，就是一条动人的亮丽多姿的希望彩练。

人的心情每天都是新的，重要的是善于捕捉到这种奇妙的感觉，那是重新开发自己生命的动力。

　　一个学习绘画的女孩，每天早上都要画一次初升的太阳。她说：那是零的起点，昨天的败笔我留给了昨天，今天我又开始了新的起步。她终于成为一个颇有成就的女画家，她的美术作品多次获奖并远传到国外。

　　我们都有许多从零起步的新的机会。

　　希望是磁石，人生如铁。

　　失败是成功的幼芽。

■ 赏 析

　　在我们的征途上，虽然有暴风雨，有荆棘阻碍，但千万不能遇暴风雨就退缩；也千万不能遇着荆棘而不前，须知光明之城，是在暴风雨之中，荆棘之后。

　　是的，我们在奋斗中，也可能会遇到一千次一万次的失败。挫折并不可怕，可怕的是沉溺于懊伤之中不能自拔，要知道失败是成功之母，也是成功的幼芽！

　　让我们熔炼昨天，把不需要的记忆忘却；用好今天，寻找到一个新的向前延伸的亮点。

竞争人生

>> 陈大明

逆境是人生的不幸。然而，困难却能磨练人的意志，只要不自弃，反如异峰突起在你面前。

每天早晨，羚羊睁开眼睛，所想的第一件事就是：我必须跑得比最快的狮子还要快，否则，我就会被狮子吃掉。而在这时，从睡梦中醒来的狮子，它的脑海里闪现着这样一个念头：我必须能追上跑得最慢的羚羊，否则，我就会饿死。

于是，羚羊和狮子一跃而起，迎着朝阳奔跑，就这样，新的一天开始了。

这就是顽强的生存，这就是残酷的竞争。如今，时代为我们展开了一幅全新的画卷，画卷上是一片辽阔无比的草原。我们成了草原上的羚羊或狮子，我们时时面临着生存的危险。

"技术落后"、"下岗分流"、"管理跟不上"、"产品陈旧"、"进程太慢"……诸如此类的词语间或出现在报刊，刺痛着我们的双眼。我们恨不得做个"超人"。与自己竞赛：今天比昨天强；与别人抗争：比学识论能力；与时代齐驱：跟上改革步伐，适应社会需要。

于是，你自学考试，我下岗卖馒头，他出国进修，日益激烈的竞争，把我们推向了海的潮头！

的确，聪明的人总能把事情想得比别人早一步，而杰出的人总是比别人早迈出了这一步。美国人雷·洛克说："我不可能抛锚，在我年轻的时候，只要能跑，我尽量跑最快；如今我老了，我只能走，但我力求走得最快，否则，思想就会僵化，就会被社会淘汰！"69岁的雷·克洛已是某公司董事长兼首席主管，仍活跃如往昔。他还说："我们需要的是把全部力量投入到与别人竞争之中去的人，如果他的理想只是停止于眼下能养家糊口，日子过得安适悠闲，我们就不需要他。"

放眼世界，发达国家已把我们落下了一大截，他们就像一只张着大嘴的狮子，时时向我们扑过来，当然，我们不应该如羚羊一样逃跑，而是要迎头赶上去，加大自身的力量，与他们抗衡！

　　在国内，机构的改革，生产效率的提高，需要的是学识高、能力强的人才，这就要求我们锤炼生存意志，提高适应能力，更新思想观念，发掘更大潜能，跟时代赛跑，与别人竞争！

　　是羚羊就得跑过最快的狮子。羚羊与狮子在大地间奔跑的情景，绮丽而壮观，激动人心而又扣人心弦。

　　羚羊和狮子都是强者。我们说：只要在奔跑，一生无憾！

赏 析

　　物竞天择，优胜劣汰，这是自然界亘古不变的的规律。

　　竞争，能使雄鹰飞得更高，竞争能使乌龟爬得更快；竞争，能让鲜花开得更艳；竞争，能让人类世界更富朝气。否则，虎将变为犬，凤将变为鸡，莠将替代良，进则成为退。

　　为此，我们拥有生命一天，就要竞争不止。

让梦想飞翔

>> 臧 毅

马活驰骋人活梦想。坚持梦想，让梦想飞翔，迎上风雨，奋力振翼，让最初的梦想成真！

春天的花秋天的果，没有梦想的日子你怎么过？

小时候睁着双新奇的眼睛把当天文学家的梦想偷偷向蓝天诉说。慢慢长大了，你暗暗握紧了小拳头，直到大学毕业，你还在表决心，我要为之奋斗！

还有很多青年朋友在很小的时候就有各种各样的梦想，做文学家、当演员、参军、读研究生……梦想让你膜拜星空，梦想助你涉过坎坷，梦想使你热血沸腾，并且走到今天。

可不知在哪天——或许是在你的姓名被高考中榜的消息遗落了的那天；或许是在你怀揣毕业推荐表四处受冷落的那一天；或许是在下岗后徘徊在寂寞街头的那一天；又或许是在洪水冲垮了你的家园的那一天……你对这个世界越来越灰心，对自己越来越悲观，你无数次地问自己：曾经的梦想有没有错？

又不知从什么时候起——或许是在利用父母的关系轻而易举地得到了一切时起；或许是在看到周围的伙伴都往钱孔里钻时起；或许是在唱完一首所谓的流行歌曲便得到了成捆的钞票时起；又或许听到别人说你"不合时宜"时起……你对这个社会越看越复杂，对自己越来越陌生，你终于发现：曾经的梦想已走得太远太远……

它还会回来吗？就像冬天过后春天重返；它还能飞翔吗？就像秋归春来的燕子的翅膀。你是多么渴望，就像分手的恋人梦想再携手。

你开始觉得空虚，无聊的落寞，甚至绝望、消沉，无所依托。

看吧，这是可怕的时代病。年轻的朋友，千万别轻易地把你纯净、美好和最初的梦想丢掉。

让梦想飞翔，在心里永远珍藏那份青春的美好和健康向上的向往。

让梦想飞翔，在心里永远保留那份执著的追求和热烈激越的愿望。

马活驰骋人活梦想。坚持梦想，让梦想飞翔，迎上风雨，奋力振翼，让最初的梦想成真！

■ 赏 析

　　拥有梦想就等于拥有了飞翔的翅膀。

　　拥有梦想，还怕什么艰难险阻？还会有什么"落寞"、"绝望"和彷徨？

　　活在世上，不要被阴霾的乌云遮挡，不要把自己迷失于纷攘的街道旁，让梦想支撑起自己的骨骼，把你的眼睛擦亮、再擦亮……

　　"让梦想飞翔，迎上风雨，奋力振翼，让最初的梦想成真"，让心灵的花朵永吐芬芳！

18 岁，毕竟美丽一场

>> 梁　萍

花季有瀑布般披肩长发青春的飘逸，有橄榄绿世界流行色风衣绰约的风姿，有深褐色高统靴款款踏响校园幽径时的矜持。

18 岁有瀑布般披肩长发青春的飘逸，有橄榄绿世界流行色风衣绰约的风姿，有深褐色高统靴款款踏响校园幽径时的矜持。

18 岁，毕竟美丽一场。

18 岁是向妈妈撒娇、索求的时节。远方的包裹会源源地邮来，也邮来些许多教诲和隐忧。可 18 岁也是自信有余的年龄呵，对着家书耸耸肩，一脱口，溜出一句："哎哟妈妈，你可不要对我生气。"

18 岁的书，念得既轻松又费事，那凤凰涅槃可真悲壮，那周一的早上就坐在台前的老先生多么迂腐，那"关于什么什么的研究"多么可笑。18 岁就是该啃书本的年龄，哎，啃吧——

常想若不考试岂不是件美差，可又要考了。收敛了翅膀，收敛了野性，捂着耳朵拼命地写呀答呀，考完了苦着脸怕论对错。一公布成绩，OK！

于是乎，结群搭伴叽叽喳喳出了校门，买巧克力买可口可乐买溜冰场上的旋舞与轻快。

贴有 4 份邮票的"白皮书"时常飘进了 18 岁的窗口。信封上的落款总是"内详"，或者干脆空白。第一个邮戳曾把 18 岁吓得不轻，以后再不。呵，18 岁等待一颗征服者的心。

当然，18 岁也把自己埋得很深，徘徊于思想之林，思索人生，自我，图腾……

18 岁永远那么多梦与健谈，和"江姐"，和"双枪老太婆"，和焦裕禄，和雷锋，和王进喜，和爱因斯坦，和居里夫人，也和毛泽东、周恩来……

哟，18 岁青春的坐标系上，永远是那么美丽。

■ 赏 析

"18岁"的青春之园有歌有梦有笑有泪，亦有苦涩的回忆隐隐的忧愁和朦朦胧胧的骚动……

但"18岁永远是那么美丽"，因为它充盈着勃勃的生机，它高高托起梦的翅膀，飞翔于更加广阔的天地，它的视野一下子宽了，整个世界都装在它澄明的眸子里面。

步于"18岁"的季节，"徘徊于思想之林"，徘徊于缤纷多彩的梦园，为什么不大笑大哭大悲大欢呢？

"18岁"，玩的就是心跳！

今 天

>> 魏明双

拥有一串充实的今天就会拥有一个饱满的人生。

嗬，好一轮喷薄而出的朝阳！

天地之合，分娩出了又一个灿烂的今天。阳光，照亮了这大地，明媚了这街衢，娇娆了树的姿容，鲜活了人的心灵。

触景生情。联翩而至的一个个今天，每每让人生出与之拥抱的渴望。

不消说，我们每个人都是人生的画家。也许你把昨天涂抹得一片狼藉，也许你将昨天描绘得满目辉煌。而今天，是一幅被昨夜刷新的画布，是一次崭新的机会，任由你饱蘸激情，挥洒才智，把昨夜的梦幻变为神奇的画卷。

我们正作青春之旅。今天之于我们，犹如一叶从昨天渡向明天的小舟。我们不能搁浅于昨天的失意，或停泊于昔日的欣喜，希望在明天熠熠闪光。别以为，那是海市蜃楼，只要我们奋力划动理想和知识的双桨去追求，希望之光便会照亮心底的阴影，光荣我们的履历。

我们正置身人生的春季。今天，恰似一方位于我们脚下的土地。种瓜得瓜，种豆得豆。一分耕耘，一分收获，如若我们不在春天时播种、布谷，躬身耕耘，而只是哼着"明日歌"，从垄上走过，秋天时，也许能收获几缕杂草，几把空虚，却注定不会是丰盈的果实。

哦，今天，并非全都阳光灿烂，惠风和畅，但无论怎样，我们都不能轻易放弃。因为，只有拥有一串充实的今天，我们才会拥有一个饱满的人生。

赏 析

人生是一部大书，是我们用生命之笔写下的独一无二的大书。每一个今天，都等同于崭新的一页。假如昨天的篇章杂乱之至，就不要再对今日敷衍了事。

青春的诗篇需要我们"饱蘸激情"去草拟，用"理想和知识"的笔写出今天，写出辉煌，写出灿烂，写出你人生的答案。

把握今天，把握每一个日子，让我们的人生充实饱满！

走进 7 月

>> 艾明波

翻开以往册页，忽然感觉，自己该写的地方却没有认真地去写，而不该写的地方却浪费了许多笔墨。

走进 7 月，读一读夏日的颜色。

走进 7 月，看一看火红的季节。

身披一袭灿烂，心系一份执著，在无边的旷野遍尝鲜花的喧嚣，遍听清风的诉说，山也愉悦，水也愉悦。

静静地，在夏日小坐，悄悄地打开心锁，让所有经历过的日子从容地走去，把所有自己没有写好的章节坦坦荡荡地打开，还有被泪水浸湿的记忆，还有堆积于心之隅的那发霉的承诺……然后整理、晾晒，让这火热的季节庄严地圈阅。

翻开以往册页，忽然感觉，自己该写的地方却没有认真地去写，而不该写的地方却浪费了许多笔墨。人生或许真的不能承受这种无谓的消耗？或许真的不能再给我们一次机会去修补曾经的岁月？那么我们只有好好地对待我们的未来，好好地打扮我们面临的一切。

有风徐徐吹来，树影婆娑；有蝶翩然飞过，划出一道美丽的颜色。大自然的生灵都在这迷人的时辰尽现自己的风姿，展示自己的洒脱，而我们何以一味地坐在这里陷入永久的回忆之中将岁月的风铃摇落？要知道这个时辰属于耕作，这是一个用汗水注释人生的季节。

站起身来，抖掉前尘往事，也抖掉心中的落寞，用坚实的脚步去踏响今日的旋律也踏响明日的晨歌。因为我们必须以奋进的姿势不留给未来一丝遗憾，我们必须以成功的绚丽为生命增添一点亮色。

赏 析

7 月，也许你郁郁葱葱的梦想会突然变黄，也许你因失败而不肯为心灵开一扇窗。然而，朋友，走出封闭的自我空间，你会发现：7 月有艳阳,人生有艳阳!

　　夏日的风吹散了酷热,也吹散了昨日的心情。"静静地"坐着,让曾经的苦与乐和"发霉的承诺"一起流过岁月的河。"以往的册页"不能改写,我们只能努力写好未来的诗歌。

　　将"心中的寂寞"抖落,让我们的步履坚实而又洒脱,让我们自信而又执著。秋天里,会有丰硕的收获。

祖国，我是您的一个公民

>> 杨绍球

祖国，我是您的一个公民。如那群小鸟，千百次地歌唱飞翔；如那丛花朵，千百次地吟咏开放。我们曾千百次地渴望长大，长成如您江南绿水的神韵，长成如您北国青山的体魄。

那一天，当我们欣喜自己拥有青春的同时，我们更欣喜我们拥有了祖国授予的那张身份证。于是，我们曾千百次地在心里说——祖国，我是您的一个公民。

如那群小鸟，千百次地歌唱飞翔；如那丛花朵，千百次地吟咏开放。我们曾千百次地渴望长大，长成如您江南绿水的神韵，长成如您北国青山的体魄。祖国啊，今天，您第一个为我们作证，作证我们拥有的不仅仅是 18 岁，还有一个共和国公民的身份。

我们已经记住了前辈的殷殷嘱托，我们已经记住了哥哥姐姐们的谆谆教诲。我们曾说，青春应该拥有无数意识——"忧患意识"、"竞争意识"、"危机意识"、"开拓意识"……但今天，我们深深感到，我们青春首先应该具有一个公民意识。祖国，我是您的一个公民。

当我们的青春拥有了一个共和国公民的身份，祖国，我们的前途，我们的命运，我们的奋斗，我们的追求……一切一切都与您丝丝相连，缕缕相扣。当我们的青春拥有了一个共和国公民的身份，也就拥有了一个共和国公民的职责。

为祖国而战斗——南疆卫士的回答是我们的回答；为祖国而拼搏——女排队员的誓词也是我们的誓词。

我们曾目睹无数离开泥土的小草，我们曾叹息无数脱离枝头的花朵，那大海里的滴滴水珠也曾告诉我们，如果我们离开您——祖国，将意味着什么？

我们骄傲我们已经拥有的青春年华，我们骄傲我们已经拥有的共和国公民身份。

祖国，我是您的一个公民！

■ 赏 析

我们是祖国的公民，自从我们出生的那一刻起，我们的心中就已被烙上深深的中国印。不要抱怨她的贫穷，因为那是我们的根；不要抱怨她的落后，因为那是我们奋斗的动力之源。

公民是一种身份，更是一种职责；"我们的前途，我们的命运，我们的奋斗，我们的追求……"都注定要与祖国紧紧相连。我们离不开祖国的呵护，祖国也离不开我们的奋斗。

一颗小草离开泥土，就会枯萎；一瓣花朵，离开枝头，它就会凋谢；一滴水珠离开大海，就会干涸；而一个人，若离开了祖国，他就会流浪。年轻的我们，只有面对黄河宣誓：祖国，我是您最忠诚的公民。

人民英雄纪念碑

>> 虞荣舜

站在你的面前，我默悼，我品读，不只是读碑文，也读着信仰、坚贞，读着开拓、崇高，读着源远流长的不屈的民族……

所有历史的光明都汇聚在这里，所有先驱的信仰都铭刻在这里，所有无名的有名的英烈，正默默地接受人们的瞻仰和汇报。

清扫广场的吸尘车驰来了，换岗的警卫战士走来了，和乘客一起沉思的电车奔来了，让松柏作证的情侣和捧着鲜花的红领巾走来了……

站在你的面前，我默悼，我品读，不只是读碑文，也读着信仰、坚贞，读着开拓、崇高，读着源远流长的不屈的民族……

不该忘却的都镌刻在上面。风沙迷雾掩不住你最后的一抹微笑，雷击电轰折不弯你坚挺的身躯，骤雨大雪浇不灭你信仰的火炬。

呵，不眠的纪念碑！巍巍一柱，顶天立地，是你撑起了这高云的纯洁和平，是你奠基了这大地的坦荡芬芳。站在你的面前，我蓦地意识到：你才是真正的无畏的形象。

做一个大写的中国人，就得像你这样脊梁永远直立，思想永远昂扬，灵魂永不跪倒！

默默地，你耸立着，为明丽的天空奏一曲无声的浩歌，为初绽的花木捎去一个彩色的预言……

▓ 赏析

笑容，都成了遗容；身影，都成了浮雕；碑身，表示屹立；碑文，记载光荣。人民英雄纪念碑默默地站立在天安门广场。

因为敬仰英雄，而走进了纪念碑；因为走进了纪念碑，而震撼了心灵。因为，"所有历史的光明都汇聚在这里，所有先驱的信仰都铭刻在这里。"

纪念碑，是一种信念。这种信念足以支撑我们"做一个大写的中国人"，"脊梁永远直立，思想永远昂扬，灵魂永不跪倒。"

永恒的天职

>> 王安雄

哲学会说：爱国成大义；史学会说：爱国铸史诗；法学会说：爱国是本分。祖国是一株参天的大树，爱国主义就是凝聚和滋润的万万千千绿叶的枝干。

阅读每一个国家的国旗，每一面独树一帜的国旗上，都不约而同地高扬着最能牵引她们每一位国民心弦的图腾——爱国主义。

倾听每一种民族的语言，每一种音色各异的语言里，总能寻找到一个共同的至高无上的思想——爱国为荣。

这是一种可以穿透无论是东方无论是西文的任何一道国界的神圣力量，没有一个国家一个民族不推崇关切祖国报效祖国的人；

这是一束可以征服无论是伟人无论是平民的人类每一个热心赤胆的人的光辉，没有一个这样的人，不鄙视那种把个人的荣辱得失置放在祖国的成败兴亡之上的人。

热爱祖国，这是一种最纯洁、最崇高、最庄严的情感；忠于祖国，这是每一个人的最崇高、最宝贵、最永恒的天职。

哲学会说：爱国成大义；

史学会说：爱国铸史诗；

法学会说：爱国是本分。

祖国是一株参天的大树，爱国主义就是凝聚和滋润的万万千千绿叶的枝干。

只要枝干不枯，大树就会昂然而立。

祖国是一部宏伟的交响乐章，爱国主义便是衔接和调动她的所有音符和乐手的主旋律。

只要主旋律铿锵有力，交响乐就能演奏得气壮山河。

从古幽幽的历史走到蓝湛湛的今天，爱国主义永远是那轮美丽鲜亮在人类世界上空的太阳。日日，月月，年年，我们都需要她普照，都企盼她的雕塑。

■ 赏 析

如果说，世界上每个国度的信仰，取一个交集的话，那么，这个交集一定是爱国主义，没有哪一个国度不推崇爱国主义，因为，那是一个民族屹立的灵魂。

"热爱祖国是一种情感，忠于祖国是一种天职。"就像海浪必须永远围绕于海岸，白云必须永远舞影于蓝天。

祖国是一株参天的大树，我们的天职就是细心呵护她的枝干，因为，只要"枝干不枯"，"大树就会昂然挺立"。

共和国三月

>> 单 辉

你能以春的名义，以共和国的名义，用哲理般的诗章散句，在炎黄子孙的田里、血液里、思维里、神经中枢里，吟出新绿吗？

有一位普通的矮个子战士，他说一口乡音浓重的湖南话。他没干过什么叱咤风云的事儿，只是学了"毛著"后记了一大摞笔记，只是雨夜送过老大嫂和她的孩子，只是带病推砖推出一身虚汗，只是少领了几套军装又总穿着带补丁的袜子……

然而，他却以春的名义，以共和国三月的名义，用他哲理般的诗章散句，在炎黄子孙的田里、血液里、思维里、神经中枢里，吟出了新绿。

的确，严冬从未放弃过吞噬春天的企图。至少，白霜也想"淡化淡化"景色。但是，有谁能够阻止共和国三月那矫健的步伐呢？

而今，那柳苞不是睁开了惺忪的睡眼吗？那坚冰不是滴下了激动的泪珠吗？那燕子不是在向温馨的春风振翅吗？那江河不是在忘情地澎湃着激流吗？

而今，在共和国的三月，怎么可以做那冬眠的懒熊，抑或只知夸夸其谈的寒号鸟呢？让我们高举起雷锋的旗帜，献给我们事业一个火热的夏季吧，就象早晨那轮燃烧着的太阳！

而今，在共和国的三月，怎么可以被铜锈锈死纯真，让"拜物教"污染憧憬呢？让我们高举起雷锋的旗帜，在胸中矗一座巍峨的信仰丰碑吧！

而今，在共和国的三月，怎么还可以冷却亲情，冷却友谊，冷却我们民族最可宝贵的传统美德呢？让我们把对全体人民的爱全都承包过来吧，三月，理应在共和国永驻！

■ 赏 析

从第一个春风开始荡漾的日子开始，三月便来了，她吹走了严冬的霜寒，融化了冷冻的坚冰，飘落在共和国的土地上。

　　三月是幸福的，她注定为春天而存在。40 年前一位普通矮个子战士的出现，三月又成了共和国的三月。

　　三月，理应是火热的，因为所有的"亲情、友谊"，所有的"传统美德"，都融化在这浓郁的春风中来了。

　　三月，在共和国永驻。

我们有个响亮的名字

>> 赵 冬

我们用自己的名字勾勒祖国的风采；我们用自己的名字浇铸起民族的骨架。

生活在一个拥挤的世界里，我们共同拥有一个响亮的名字。

这个名字诞生在那很遥远的年代，迅速蔓延于世界的角角落落。这个名字平凡且伟大，光荣又普通，说它平凡因为它时时刻刻都为一个信念而挥汗如雨；说它伟大因为它能创造出自身十倍百倍的价值；说它光荣因为祖国赋予了它一个深情的敬礼；说它普通因为我们就是它这支庞大队伍中的一个士兵。

在日新月异的日子里，我们的名字唱出了季节嘹亮的进行曲；在五彩缤纷的生活中，我们的名字描绘出了青春壮丽的风景；在洪水与火灾面前，我们敢用自己的血肉之躯筑起一条坚不可摧的巍巍长城。

奋战在高炉前，我们的名字与铁水钢花一样灼热；跋涉在田野里，我们的名字像稻海绿浪一样抒情，我们有诗人、艺术家一样会哭会笑的眼睛；我们有教师、护士一样知冷知热的爱心。

我们用自己的名字勾勒祖国的风采；我们用自己的名字浇铸起民族的骨架。我们骄傲，我们自豪，我们充实，我们富有，因为我们拥有一个响亮的名字——主人！

■ 赏 析

翻开古老的历史，上面记载的，都是苦难的历程；解读沧桑的黄河，每滴水都在诉说着岁月的沉重。终于有一天，天安门广场一声吼，中国挺直了脊梁。从此，我们有了一个响亮的名字——主人。

我们的名字是平凡的，但又伟大；是光荣的，但又普通，我们的名字是新中国赋予的，便注定我们要"用自己的名字勾勒祖国的风采，用自己的名字浇铸民族的骨架。"

　　我们是祖国的主人。曾经，我们喊着这个响亮的名字，谱写了共和国光荣的过去；面对未来，我们一样能够喊着这个响亮的名字，给共和国捧出一个金灿灿的明天。

远 航

>> 王安雄

灿烂了一季，火红了一阵，你不会由此感到满足。你还需要积蓄，你还需要孕育，你还需要备耕，你还需要迎接一个又一个新的绚丽：新的收获。

我很欣赏你，即便秋后，仍是一副天高气爽的模样。

你用太阳般金光闪闪的神眼示意我：尽情绽放色彩时，你是青年，那是你夏日的形象；显示成熟、趋于宁静时，你还是青年，是着了秋装的青年。

听到你和风徐徐地叙谈：

灿烂了一季，火红了一阵，你不会由此感到满足。你还需要积蓄，你还需要孕育，你还需要备耕，你还需要迎接一个又一个新的绚丽，新的收获。

看到你青松般凝重的意志：

秋的青年，决不走向秋的生态，秋的青年，那是青春，那是一片春常在、夏常现、绿意常郁郁葱葱的无霜原野；而秋的生态，则是一种苍老，则是一种叶将落、花将败、飞雪将一切覆盖的岁末景观。

你的生机如同青松翠柏，从不因秋了而凋零而呈灰色；

你的脚步就是江涛海浪，从不因秋了而畏缩不前。

在你看来，秋的青年是一叶不理会季节更迭的帆，春要远航，夏要远航，秋之后还要远航。

■ 赏 析

读到这篇文章时，只觉得心头为之一震，一种久违的清新恬淡感渐渐袭上心头，许久都挥之不去。

吸引我读这篇文章的不是它的短小精悍，不是它的诗一般的语言，不是它的整齐排比，也不是它的深深哲理，其实只是一种感觉，同龄年青人的那种朝气，如同喷薄欲出的太阳，感染着我的灵魂，在我心头撞击出了火花，总之极喜欢这篇文章。

我们经历了一季的苍凉，但我们也得到了磨炼，我们要迅速站起来，因为我们还要远航。

为生命喝彩

>> 艾明波

生命不是一篇"文摘",不接收平淡,只收藏精彩。生命更是一次竞技,生命没有看台。生命只属于我们一次,我们该把她打扮得更加光彩。

我们,从遥远的地方走来,身上背着昨天的故事,脚下踏着历史的尘埃。一路风雨带着欢笑,一路歌声带着豪迈。我们的肩上落满昔日的碎片,我们的眼中装着辉煌的未来。我们快乐,因为我们拥有了生命;我们自豪,因为我们拥有了现在。我们会用汗水浇灌明天的花朵,我们会用勇气把新世纪的大门打开。

我们,为生命喝彩!

从另一个世界迈进这多彩的生活,生命就给了我们无尽的关怀。我们睁开双眼打量这绚丽的景色,我们摇荡着旗帜谛听那迷人的天籁,让人类的灵光穿透黑暗的幽谷,让智慧的火焰尽以往的悲哀。人间的真情扶我们上路,世上的温暖给我们深爱,我们沿着那灼热的目光攀援,走向一个崭新的时代。

人生虽然只是一次单程之旅,但生命却能在创造中寻找到一种永恒的超越时空的依托。获得了生命就是获得了一切,拥有生命就是拥有了无可匹敌的巨大资财!

我曾静静地打量着生命,静静地凝视着她的内涵以及她的外延,林林总总、千姿百态,有的博大壮阔,浩瀚似海;有的如一束鲜花,悄然盛开。无论她以任何方式注释着她的形象,她都以无与伦比的茂盛,昂扬着奋进的旋律,拒绝苍老、拒绝衰败。

然而,生命不是一篇"文摘",不接收平淡,只收藏精彩。她是一个完整的过程,是一次"连载",无论成功还是失败,她都不会在你的背后留有空白;生命也不是一次彩排,走得不好还可以从头再来,她绝不给你第二次机会,走过去就无法回头,只留下遗憾、只留下无奈。生命是一部大书,所有的章节必须用我们的血汗撰写;生命更是一次竞技,生命没有看台。

生命只属于我们一次,我们该把她打扮得更加光彩。

■ 赏 析

"生命只属于我们一次，我们该把她打扮得更加光彩"，当读完这句话，结束全篇的时候，我不禁想来一声呼喊：为生命喝彩！

这篇有韵文特点的散文，读起来琅琅上口，给人无限美感，虽然这篇文章揭示的道理比较浅显，这类型的文章也随处可见，但是作者以不凡的文字和优美的表达，赢得了读者的心。

让我们都能从失败中站起来，然后为生命喝彩！

成功的人生

>> 邓　皓

成功不是昭然若揭地去赢了某一次，成功是任何时候不放弃追求下去的信念——确信自己任何一次竞技不遗余力总比啬心力要好！

曾在运动场上看到过十分感人的一幕：一位长跑运动员在跑了一半以上的赛程之后，突然摔倒在地。等他再爬起来时，他的对手正如飓风般接近终点。就在他一瘸一拐正欲离开跑道时，他的耳畔响起一声断喝：跑赢你自己！

是他满头银发的教练进入跑道中来，与他一起跑完余下的赛程。

那一刻，我发现所有的目光为这对失败的师徒行了个庄重的注目礼！当他们抵达终点的时候，他们赢得了比夺冠者更多的掌声！

谁能说有此等毅力和拼劲的人，下一次夺冠的机会会再一次与他擦身而过?！

成功不是昭然若揭地去赢了某一次，成功是任何时候不放弃追求下去的信念——确信自己任何一次竞技不遗余力总比啬心力要好！

人与人之间有心志的高低之分，人与人之间也有能力的大小之别，但人生没法比成功。一个扫大街的清洁工和一个搞课题的科研工作者，他们都有成功。同样，他们都有从成功里得到的快乐。所以，人生没法比幸福！

成功的人生就像一次远行，把途中美好的景色尽收眼底，不要因为旅途的疲惫而错过每一处赏心悦目的风景。因为错过风景，就是错过心情；错过心情，就是错过远行的意义！

你见过乡下质朴的农民吗？像钟爱儿孙一样，他们精心耕种一方稻田。待汗水流干的时候，稻谷就熟了。把一粒一粒饱满的稻谷拾起来，装入粮囤，这样，一个壮硕的秋天就被农民拥入怀中了。

成功的人生就是这样的。

■ 赏 析

成功的人生是我们每个人都向往的，作者撷取生活中的一束浪花，加以定格，加以感悟，品味人生深邃道理："成功不是昭然若揭地去赢得了一次，成功是时刻不放弃追求下去的信念"。

这一篇短小的文字，更是一叶载满成功的小舟，本文作者的恰当的比喻，平凡的文字，蕴含的深刻人生哲理，深深震撼着我的心，感染着我的灵魂，使我产生了心灵的共鸣，我相信，不懈地努力终将会迎来一个成功的人生！

世界不再等待我们

>> 罗 西

睁开你的双眼，世界不再等待我们，我们又在等待什么呢？往前走，一定是一片蓝蓝而辽阔的天空！

一次拿破仑外出打猎，忽然听到远处有人呼救。走近一看，原来有人落水。

拿破仑举起猎枪，大声叫道："喂，你要是不爬上来，我就打死你。"那人听了，忘记自己是在水中，用尽全力向岸边划去，经过多次挣扎，终于上岸。

他气愤地问拿破仑："为什么要杀我？"

"我要不吓唬你，你就不会拼命往岸上划，这样，你不就自己死了。"拿破仑笑着说。

一心想活着，而如果他不寻求自救，能活成吗？确实，行动并不是最危险的道路，不采取行动才危险。我们很多人，在日常生活里，喜欢幻想，喜欢憧憬，喜欢描绘，但这一切如果仅仅停留在心动的层次上，永远不会有结果，梦醒时分，仍是双手空空，一无所有。

人应该学会思考，学会筹划，学会预见，而这一切如果不付诸于行动，思考、筹划、预见就可能成为忧虑。一个人要成熟，必须在快乐中成长，而快乐的成长，必须在行动中成长。只有行动，才有一个个具体的目标，才会实现一个个小目标，每一天都有收获，每一天都有成就感。那么，你不会觉得前方迷茫，从而更自信、更快乐地走向明天。

成龙说："今天我能在电影界占一席之地，靠的是什么事都自己做的精神。"我们在羡慕成龙的辉煌成绩时，是不是也看到他那忘我的工作态度。"一念之下"固然重要，而更可贵更有效的是行动，是一往无前的奋斗。

睁开你的双眼，世界不再等待我们，我们又在等待什么呢？往前走，一定是一片蓝蓝而辽阔的天空！

■ 赏 析

我被这篇文章震撼了！

"当有一天我们从睡梦中醒来"，睁开双眼却发现世界已不再等待我们，我们便开始反思自己："在日常生活中，我们喜欢幻想，喜欢憧憬，喜欢描绘，但这一切仅仅停在心动的层次上。"梦醒时分，我们仍然两手空空，这是多么现实的描述，多么精辟的分析，我们不能再等待了，我们要昂首阔步往前走，快乐的往前走"必须在行动中成长"。

当世界不再等待我们，我们只有往前走，走过去，前面一定是一片蓝蓝而辽阔的天空。

时间进行曲

>> 陈　浩

人在旅途，有时激越高亢，每一个节拍都铿锵雄壮；有时低回舒缓，每一个音符都徘恻缠绵。庄严肃穆时，如一首凝重深沉的诗篇；一唱三叹时，似一幅柳暗花明的画卷……

太阳与月亮似两张唱片，将时间进行曲播放在人生的途间。

有时激越高亢，每一个节拍都铿锵雄壮；有时低回舒缓，每一个音符都徘恻缠绵。庄严肃穆时，如一首凝重深沉的诗篇；一唱三叹时，似一幅柳暗花明的画卷……

勇士深晓时间的真谛，敢于以短暂的生命向永恒的时间宣战，在天地之间，寻找自己坚实的基点，奏响时间进行曲最辉煌的乐章。

懦夫天生只会悲叹，面对着浩荡的时间长河，徒然而滴几颗廉价的泪瓣。用一连串的休止符，谱写一连串的遗憾。

请记住：人生与天地固然渺小，如沧海一粟，但真正渺小的是人的自卑；人生与时间相比固然短暂，似流星一闪，但真正短暂的是人的哀怨。

是小草，我们就要染绿天涯；是水滴，我们就要汇成浩瀚；是沙砾，我们就要聚成矗天之塔；是荧火，我们就要燃成熊熊烈焰！

只有这样，我们才不负时间给予我们的公正的恩赐；只有这样，我们才能高奏起时间进行曲迈向光辉的明天。

■ 赏析

当岁月的河水淙淙流逝，伴着它的是人生旅途的时间进行曲。

在这首曲子里，融化了太多太多或凄美或平淡的故事，消逝了太多太多或壮丽或平庸的人生，所有的雄伟，宏大，瑰丽都只化作乌有。

它的公正让人心寒，没有一丝情感，勇士"敢于以短暂的生命向它宣战，奏响最辉煌的乐章"；懦夫只能在悲叹中"用一连串的休止符，

谱写一连串的遗憾"。

作者的忠告足以燃起我们人生的"熊熊烈焰",真正渺小的是人的自卑,真正短暂的是人的哀怨。

点燃岁月

>> 栖 云

那是铺天盖地的野花啊！峭壁上，悬崖顶，岩缝间，坑坑洼洼的碎石块中，簇拥着数不清说不尽描绘不了的五彩缤纷、绚烂无比的野花。熏风拂送，那些花就在浸着蜜香的山岚中，沉醉地跃下枝头，落英如雨，漫天飞卷，美极美极。

曾随一位朋友外出探险。那是太行山脉千山万壑围护着的一处幽谷，向导说，人迹罕至。仰望寂寥而深邃的天空，冥想鸟翼飞绝的意境，整个灵魂仿佛都被严严实实的山石包裹住了，与彻骨入髓的沉默对待，简直让人烦躁难捱，束手无策。

然而我错了！转过狭窄凸凹的山麓，我的目光陡然间熊熊燃烧起来，你猜——

那是铺天盖地的野花啊！峭壁上，悬崖顶，岩缝间，坑坑洼洼的碎石块中，簇拥着数不清说不尽描绘不了的五彩缤纷、绚烂无比的野花。熏风拂送，那些花就在浸着蜜香的山岚中，沉醉地跃下枝头，落英如雨，漫天飞卷，美极美极。

凝重而肃穆的崇山峻岭，并没有因为沉寂甘于冷漠，并没有因为无人喝彩无人光临，就死气沉沉，毫无生气，而是以灿烂的鲜花向寂寞挑战，以蓬勃的生机对生命负责。

所以，生命中的险恶没有什么恐怖，生命中的孤独没有什么缺憾，生命中的高墙与埋没无关，关键是：即使在始终无人注目的暗夜中，你可曾动情地燃烧，为了答谢这一段短暂的岁月?!

■ 赏 析

当生活没有鲜花，当生命无人喝彩，当……，朋友，你是否因此而冷落了那颗热烈跳动的心？

生命的历程中，总会有坑坑洼洼，会有荆棘满地，会有山穷水尽，

但它阻挡不了我们强劲的翅膀——我们会"以蓬勃的生机对生命负责"。

你瞧那高崖上的腊梅，没有春风的抚慰，没有蜂蝶的亲吻，但它依然点燃了岁月的圣火，染红了跳动的生命。正是这样，作者为我们吹起了嘹亮的号角——即使在始终无人注目的黑夜中，你可曾动情地燃烧，为了答谢这一段短暂的岁月?!

■ 思想，是不过时的美丽

>> 佟可竟

　　若只把可见的财富视为人生的幸运与富足，终有一天，我们会发现自己浑身到处是"文化"，惟有心灵荒如沙漠。

　　面对迭起的新潮与时尚，年轻的心最难按捺，我们总在热烈地追逐着，都怕自己是落伍者。

　　其实，欲领某些新潮之先并非难事，我们极容易把自己的外表装饰成一个很现代的青年，只是衣着的标签的品牌所透出的点点文化味儿，最终也掩不掉对自己时的心浮与茫然——

　　在花样乱眼的时髦左右下，我们连自己也说不清我们到底需要什么？只把可见的财富视为人生的幸运与富足，我们就会渐渐远于思想——这行为的灵魂。直到有一天，我们发现自己浑身到处是"文化"，惟有心灵荒如沙漠。

　　如果有，我们不拒绝过守金伴银的日子。只是在金饰之下，别荡然了我们的精神之欲。

　　青春本是好时节，每个人的领受却各不相同。有人收获盈怀，有人徒自空悲；有人赚一把汗水，有人握一手虚荣。这差别全在于我们是否肯对心灵有所承诺，并付诸精力。因为追求真正的文化品位，实在是一段苦旅。需过得下简朴的生活，守得住心灵的宁静，始终视书籍为精神伴侣。

　　我们一直在羡慕心智无限的人，这正是来自于思想的魅力。而心智的成长决不鼓烫于时尚，它从不以烨然炫外，它只企求思想的恩典。

　　法国思想家帕斯卡的名言很有味："人是芦苇，然而是能思考的芦苇。"纤若芦苇的人，因具有思考的能力，而包容得下整个宇宙。人，也正是由此才显现出伟大。

　　思想，使人们的生活情趣接近高尚，而遭遇苦难时，则体会到深厚的慰藉，在思想中，我们将获得一种别致，绝胜一套华衣优雅惹人得多。

　　思想，永远是一份不过时的美丽。

■赏 析

有位哲人说，"思维着的精神是世界上最美丽的花朵"，为什么呢！"思想，是不过时的美丽"，一个苍老的声音在风中飘扬。

迭起的新潮和时尚，在我们热烈的追求中，把我们周身"贴满了商标"，冲淡了我们"对心灵的承诺"，"直到有一天，我们发现自己浑身到处是'文化'，惟有心灵荒如沙漠"。于是，蓦然回首，只有"思想"闪着耀眼的光芒！

"思想"，是晶莹的露珠，每一颗露珠里都有一个新的太阳闪动着："思想"，一份永不过时的美丽！

■ 时间浪费者

>> 冬 冬

时间就是生命，浪费了时间就是牺牲了生命。

中国人都是时间浪费者，都是生命牺牲者。若叫中国人牺牲他的生命，他是万万不肯的。可是他天天都在牺牲，终身都在牺牲，却一点也不爱惜。时间就是生命，浪费了时间就是牺牲了生命。我们每日生活的时间，平均总是自己浪费了一半，别人为我浪费了一半。在我自己浪费时间的时候，还要浪费些别人的时间。这样核算起来，全社会浪费的时间该有多少？全民族的生命牺牲的该有多少？唉！中国人的生命真贱呵！

■ 赏 析

俗话说："浪费别人的时间属谋财害命，浪费自己的时间是慢性自杀。"

朋友，面对时间，你选择了何种方式呢？伟大的思想家培根先生说过："时间就是速度、时间就是力量、时间就是生命"，对今天的青少年来说它仍是格言。

朋友，你珍视你的生命吗？那么就从珍惜时间开始吧，提高自己的生命质量！

黑色断想

宣 告

>> 北 岛

在没有英雄的年代里，我只想做一个人。

也许最后的时刻到了
我没有留下遗嘱
只留下笔，给我的母亲
我并不是英雄
在没有英雄的年代里
我只想做一个人
宁静的地平线
分开了生者和死者的行列
我只能选择天空
决不跪在地上
以显出刽子手们的高大
好阻挡自由的风
从星星的弹孔中
将流出血红的黎明

■ 赏 析

生命"最后的时刻到了"，这是一个"没有英雄的年代"，真理的追求者不想留下遗嘱去作生活的期盼，他也不想去做什么英雄，"只想做一个人"。他没有英雄的欲望，却成为真正的英雄，他用悲剧性的终结形式，去体味生命的永恒价值，留给我们许多超越时代，贯穿于漫长的人类社会的思索。

梦回水边

>> 李国亮

水啊水，我无比亲切熟悉的液体，你一次又一次使我通体透明。

水啊水，你将滋润我的一生，又将饥渴我的一生。

子夜寒梅凋落的声响，随风幽咽，抚摸我午夜梦魂。

凝望西窗冷月，记忆触手可及。在水一方，映山红总是红遍山野。

携着春日的疲累，满腹饥渴，我返回水边，返回依水而居的村庄。

水边的村庄啊，我可以向你走得更近一些吗？

夜，很静很静，在水边，我站在最高的坡地上，身披月华的纱衣，聆听河水梦中的歌谣。

风在树梢，很轻很轻，为夜筑巢。午夜的村庄，安静如斯，美丽如初。泥墙瓦盖的屋子里，是一群日出而作日落而居的人。睡眠，一种最原始最美丽的状态。所有艰辛的泪水，所有痛苦的情绪，都埋进了这深深的睡眠中了么？所有虔诚的祈祷，所有幸福的向往，都萌动于这深深的睡眠中了么？

圈中的牛羊，把舌头嚼成了夜半歌声，屋边的庄稼，以另一种情绪拔节生长，站在水边的红杜鹃，挂满了闪光的泪花。

今夜，我枕着水的音乐，享受被水滋润的栖歇和谧祥，我所有的诗稿，都为水所湿。

水啊水，我无比亲切熟悉的液体，你一次又一次使我通体透明。

水啊水，你将滋润我的一生，又将饥渴我的一生。

是谁使我流泪，是谁的热血奔涌，滋养年年岁岁的思想，花树不败。

再哼一次那支歌吧，返回水边，灵魂的居所，又一次潮湿。静对水边的村庄，泪水打湿的梦境，如头顶的那弯缺月，开始慢慢圆满。

■ 赏 析

　　作者以丰富的联想，勾勒出依水而居的村庄，那是作者的梦之园，心之园。在那里，他体验美丽、宁静、勤劳和艰辛。还是这块沃土，滋养了作者"年年岁岁的思想"，锻打了作者"花树不败"的品质。于悠悠的乡情之中，让你聆听到生命不息的声音。

那年冬天

>> 张国龙

芨芨草吮吸充足的营养疯长在旧日的草滩。枕着白骨，黑狼交欢，满原凄草纷纷凋零。

那年冬天，藏北高原风和日丽，一只生病的雄鹿亲吻救命的雪莲。

脚的温热融化了白桦林不凋的圆月，多年后回首的那个午夜，稿纸湿透。

浅草滩上无声的角斗，黑狼撕碎了呼吸的甬道。涂写在沙土里的啸音浸满血污，恍如沉睡千年的戍边者遗世独立的沉吟。

藏鹰翩翩起舞，牧师的手枯干而死，天葬台傲然屹立。白骨沙化，孤魂无依，与寒风齐飞。

芨芨草吮吸充足的营养疯长在旧日的草滩。枕着白骨，黑狼交欢，满原凄草纷纷凋零。

日月山最后一滴精血闯入湟水河浑厚的母体，春潮忿涨。那季节，休眠的记忆萌芽吐绿。末班车行色匆匆，反光镜里一袭黑衣摇曳。

沉滞的塔尔寺钟声沁凉如牧师枯朽的手指摸顶，幻若天帝民谣支离破碎。光环失泽，血泪滂沱，出海的船票已经撕开。

多年后孩子和爱人不期而临，长夜呓语，拥吻那温馨的少年，诗情饱满。一如许多年前初入洞房的那个失语的夜晚。

那年冬天连同那些不老的故事晾晒在栅栏外高高的枯树枝上。

■ 赏 析

那年冬天是残烈的，同样也充满着生命吮吸营养的声音。藏北高原的冬天在作者的笔头幻化成一首壮丽的诗篇，那里有"无声的斛"，亦有"白骨沙化"的凄然；有"春潮忿涨"，亦有"不期而临"的惊喜和迷恋。作者以悠扬的、略得低沉的歌喉，给人们展现了西北的粗野、西北的柔情。

壮丽与从容

>> 张玉庭

从容——原来是一种壮丽！壮丽——原来是一种从容！

有一种壮丽叫做从容。

那是电闪雷鸣，风狂雨猛之时，当汹涌的洪水吞没了村庄，一个小战士勇敢地爬上屋顶去救被困在那儿的少女，并把自己的救生衣递给了她，少女问："你用什么？"他从容一笑："我是游泳冠军。"姑娘含泪点头，接过了那件救生衣。突然，一个大浪打来，小战士落水了，而且再也没有上来——原来，他根本就不会游泳，更不是什么游泳冠军……

就这么走了——一边把自己的从容一笑留给了亲人，一边随着波涛走向了永恒，他还小，一张娃娃脸，花一般的年龄，但穿着绿军装的他却不声不响地走了，永远地走了。

读着这个故事，我不由得潸然泪下！

因为我明白了一条真理：有从从容容的战士在，有从从容容的军威在，就有永远巍峨的长城在！

有一种从容叫做壮丽！

那是1914年冬季的一天，一场大火烧着了爱迪生的实验室，这无疑意味着，他操劳一生才得到的多项研究成果将在无情的大火中化为灰烬。当大火烧得最凶的时候，爱迪生的儿子在滚滚浓烟中发了疯似地寻找着父亲，那么，他看到了什么？67岁的爱迪生正平静地看着大火，任满头的白发在冷风中飞扬，他极其平静地对儿子说了一句："快！去叫你妈妈，她恐怕一辈子也见不到这样的场面！"

读着这个故事，我不由得怦然心动！

不是吗？面对烈火，老人不仅没有猝然倒下，反而稳当当地挺起了胸！烈火铺天盖地，却偏偏烧不毁老人那巍然的意志！

最蔚为壮观的显然不是烈火，而是那顶天立地的老人！

于是，我终于读懂了，从容！从容——原来是一种壮丽！

于是，我终于读懂了壮丽！壮丽——原来是一种从容！

那么您呢？当不幸突然袭来，当痛苦不期而至，当你必须慷慨牺牲时，你能从容不迫吗？

■ 赏 析

从容的人，往往会制造出壮丽。那个"从容一笑"后被大浪吞没的战士，用生命和爱谱写了一曲壮丽的青春之歌。众多"从从容容的战士"，铸就了我们的钢铁长城！

这，就是光彩夺目的壮丽。

壮丽的人生，往往由从容构成。"平静地看着大火"的爱迪生，用镇定和巍然的意志描绘了一幅从容的图景。"顶天立地的老人"，是我们前进道路上不灭的明灯。

这，就是处乱不惊的从容。

宁 静

>> 宋 雁

走在人生的春季，不要奢求浮华虚荣，要的是宠辱不惊，心就不会迷蒙，步履才会从容！

记得一位哲人曾经说过："把尘世的礼物堆积到愚人的脚下，我只要赐给我不受烦扰的心灵！"显然，他是把拥有宁静的内心世界当做命运对自己的最好赏赐。

很多时候，被红尘包裹着的我们在为自己和别人祝福的时候，总是祈愿彼此能够拥有健康、聪明、漂亮、爱情、名利等等。事实上，如果能让宁静的力量涓涓流淌于生命的河道，思想的羽翼在不浮不躁的心空里自由翱翔，你就足以令人欣羡了，你就是幸运的了。因为拥有这纯真美好的心境，你就能在人生的旅途上畅通无阻，活得洒脱且自信。

个体的生命在与外界发生碰撞的过程中，常常遭遇不顺。失意不消沉，得志不轻狂，是我们应该学会的生存之道。只有适时地提醒自己垒起心灵的护堤经受住风雨的洗礼和考验，才能使自己迅速成熟起来。

"有心栽花花不活，无意插柳柳成荫"的俚语告诉我们一颗无拘无束的心更容易获得成功。

这里引用一段佛陀的故事：

"梵志双手持花献佛，佛云：'放下'。梵志放下左手之花，佛又道：'放下。'"梵志又放下右手之花。佛还是说：'放下'。梵志道：'我手中之花都已放下了，还有什么可放的呢？'佛说：'放下你的外六尘，内六根、中六识，一直舍去，舍至无可舍处，是汝放生命处。'

禅语意在说明人的心态愈朴素自然，愈能修得正果即所谓的大彻大悟。

努力地接近真善美、塑造真善美，并将这一追求融于实践活动中，而非一味地急功近利。那么，在这种"只问耕耘，不问收获"精神的指引下，你的素质将得到最好的修炼。当机遇来临的时候，你一定会稳操胜券。

走在人生的春季，不要奢求浮华虚荣，要的是宠辱不惊，心就不会迷蒙，步履才会从容！

■ 赏 析

看着"宁静"，心却不宁静。

时空的大变迁，世事的大开放，枝蔓生活的各种表象，或许早已把人的心搅扰得烦乱不堪，心底那份淡淡的属于生灵最纯粹的优雅已被风化。

但，"宁静致远"的嘱皓依然响亮！因这是对"宁静"最好的注脚！宁静中创造"纯真美好的心境"，宁静中锤炼一份"宠辱不惊"的气质，宁静中雕刻一颗"无拘无束"的心灵，宁静中永葆永不受污染的清如许的"半亩方塘"。

人，活在嘈杂的世界上想要的是份热闹，需要的却是种宁静！

生命如歌

>> 艾明波

我们，生活在这阳光地带，生活在这个温暖的世界，我知道：我们都是生命的使者也是生命的过客，生命是一个过程，生命是岁月的一个章节，生命只属于我们一次，生命在给我们幸福时刻的同时也给了我们悲哀的时刻。

生命不会给我们任何承诺，生命只给我们一次机会：那就是创造与开拓或者是浑浑噩噩，关键是看我们怎么去活着，怎么去把生命好好把握。

我们从另一个世界走来，迎接我们的或许是有太阳的白天或许是有月亮的黑夜，无论白天或黑夜，我们睁开眼睛就会感到人世间的温暖，我们都会在父母的怀中享受到一种博大的关怀和无与伦比的亲亲热热。虽然，我们给这陌生的世界的第一个声音是哭声而不是音乐；虽然，我们是在母亲的痛苦中降临的，甚至是伴着母亲的泪水和鲜血，但是，父辈们是幸福的，因为，我们延续了他们的生命，我们是他们含泪的骄傲是他们事业的承接。于是，我们踏着父辈的足迹接近生命的另一个高度；于是，我们用他们所给予我们的力量，在他们没有走过的路途中走过。所以，从这个意义上说，生命又不仅仅是我们自己的，她盈满人间的热望也装满前辈的嘱托。

这样，我们从拥有生命的那一刻开始，我们的背上就驮着一种使命，我们的身上就跳动着强劲的脉搏。是啊，我们从父母那里得到了血液得到了骨骼，我们又从太阳和月亮的下面得到了温暖和光泽，我们无法不去用自己的热能点亮期望的目光，无法不用人间赐予我们的一切去燃起希望之火。

也许父母在给了我们生命之后，没有更多的给我们什么；也许生活并不是像人们期望的那样没有坎坷只拥有欢乐，但是，只要我们一息尚存，就毫无理由让自己的身后只生长悲哀而没有收获。尽管有扶持也有寄托，尽管有帮助也有理解，但路还得我们自己去走，没有谁能够自始至终地陪着我们穿过人生的风雨和世事的阻隔。我们要用自己的灵魂去支撑生命，我们要用自己的目光去发现我们的前方是高山还是沟壑。

活着，是生命的一种形式，创造才是对生命的一种注解，因为生命无法承受之轻，因为生命拒绝接受堕落。

人生短暂，瞬间即过，拥有生命是最大的幸福最大的快乐！那么，就让我们带着生命上路吧，让自我去擦亮别人目光的同时，也活出一个最好的自我。

生命如诗，生命如歌。

■ 赏 析

童年是一场梦，少年是一幅画，青年是一首诗，壮年是一部小说，中年是一篇散文，老年是一套哲学。这就是一部生命的历史，一首生命之歌。

是历史，就意味着记载，内容有酸甜苦辣，悲欢离合，是歌，就意味着歌唱，曲调有缠绵悲壮，哀婉磅礴。

"人生短暂，瞬间即过，拥有生命是最大的幸福和欢乐。让我们带着生命上路吧，让自我去擦亮别人目光的同时，也活出一个最好的自我。"

■ 雨中白菊

>> 郭碧云

宁可在喧闹的春夏显示自己，也不希冀在百花凋零之时哗众取宠。

雨丝，轻轻地飘着。

小雨是止不住美的追寻者的脚步。雨中的东园，菊花的海洋里，又漂浮起一朵朵婀娜多姿、色彩缤纷的伞花。

雨中赏菊，别有一番情趣。千姿百态的菊花，在蒙蒙细雨中，白的更加纯洁，红的更加艳丽，紫的更加典雅，那张开的叶子则更是青翠欲滴……，雨水洗去了往日的尘埃，一切都显得那么纯净、清爽，连空气也弥漫着淡淡的花香，随着雨雾，在扩散、扩散……

在一个静悄悄的角落，一盆白菊正静悄悄地盛开，洁白、细长的花瓣心，大方地向外舒展着，瓣梢又娇羞向里微微卷曲。雨的洗涤，使它通体透明，不掺一丝儿杂色。

宁可在喧闹的春夏显示自己，也不希冀在百花凋零之时哗众取宠。白菊，选择了这么一个季节，坦然地展现丰姿，默默地奉献着幽香。哦，可爱的花儿，莫非有颗心附贴着你！

咦，旁边有一盆白菊倒在地上，柔软的花瓣儿贴在污泥中，颀长的身姿扭曲着，似乎在诉说什么。谁这么不爱惜花儿，我喃喃自语，不禁有些伤心和温怒，正欲弯下腰去……呀，地上多脏，尽是烂泥，刚刚伸出去的手又缩回来。垂下眼帘，我不敢再看这些花儿，终于，还是转过身去。无意中，那盆心爱的白菊又夺入了我的眼帘，似乎被什么挠了一下，可还是缓缓地向前移动着脚步，这段路好难走啊！不知是一股什么力量，又使我依恋地回眸……

那几盆白菊已经重新挺起枝干，系红蝴蝶结的小姑娘正用手帕擦着花瓣儿，神情是那样专注，动作是那样轻柔，好像怕惊醒花儿的。年轻的妈妈，站在一旁，正向她甜甜地微笑，从心底涌出来的笑……

静悄悄的，只有雨点柔柔地洒在伞面上的细碎的声音，这时，小姑娘发出脆生生的话音："妈妈，您看行了吗！"妈妈还是微笑颔首，小姑姑跳到妈妈的伞下，欣赏着自己的"杰作"。年轻的妈妈俯身吻了吻女儿湿润的额头，拉起女儿的小手，慢慢地走在细细密密的雨中。

我目送那把细花雨伞，渐渐融进五彩缤纷的伞群里。哦，那是一把缀着白菊花的小伞……

雨丝，还在轻轻地飘着。

 赏 析

细花伞游走的季节，雨还没有停下来。"我"怔怔地望着"小姑娘"的身影，她多像纯净的白菊的花瓣，"静悄悄地盛开"，静悄悄地接受雨水的考验，不做"哗众取宠"的冬梅，宁可在"喧闹"的青春之季，"坦然地展现丰姿，默默地奉献着幽香"。

朦朦胧胧的雨丝，轻轻地触摸着青春的枝干，于"青翠欲滴"的叶子之间，白菊显得多么"纯净、清爽"，它昭示着"我"青春的脚步，静静地走过雨季，走向灿烂。

细花伞游走的季节，雨还没有停下来……

黑色咏叹

>> 任 飞

它黑得馥郁明丽，黑得粗犷强悍，黑得执著热烈，黑得柔婉腼腆。是黑色的历史孕育了它黑色的价值，是黑色的血脉凝聚了它黑色的情感，是黑色的沉默养成了它黑色的个性，是黑色的变迁升华了它黑色的语言。

谁不爱枫叶红色的火焰，谁不爱草原绿色的地毯，谁不爱麦田黄色的金浪，谁不爱大海蓝色的画卷。然而，你是否爱过黑色的煤炭？在日新月异的世界里，在五彩缤纷的生活中，它是百色的极致，它是光彩的铺垫，它是墨玉的精灵，它是唱不尽的咏叹。

当你真正爱上它，你就会发现：它黑得馥郁明丽，黑得粗犷强悍，黑得执著热烈，黑得柔婉腼腆。是的，是黑色的历史孕育了它黑色的价值，是黑色的血脉凝聚了它黑色的情感，是黑色的沉默养成了它黑色的个性，是黑色的变迁升华了它黑色的语言。

当你走进沸腾的矿山，你立即就会听到大海的滚滚涛声，看到高山的神圣庄严；当你步入长长的巷道，你就会深深地感受到黑色特有的温暖，体味到人世间无法领略的真挚情感。但黑色的煤炭毫不贪恋这超凡脱俗的环境，悠闲安然的宫殿。它的企求是光明，它的向往是火焰。

外边的世界很精彩，有它从未见过的都市原野，绿水蓝天。

是的，它在走向新生的圣地，然而，也是它走向自焚，走向死亡的起点。它的生命多么短暂！可它面对死亡毫无悔憾——黑暗中诞生，火光中死去，燃尽自我，照亮他人！一生没有求索，有的只是奉献！这不是它黑色的格言。

染上点黑色的性格吧！朋友，哪怕一天只染一点，那么，我们的前程更加灿烂。

■ 赏析

于生命的深层蕴积火焰。"它是墨玉的精灵，它是唱不尽的咏叹"。没有过分的渲染，更没有五彩缤纷的花瓣，只有"黑色的情感"、

"黑色的沉默"、"黑色的语言"。

它来自葱郁的森林,它来自那片更广阔更深邃的蓝天,它有一颗多么火热的心,任熊熊的烈焰将自己凝练。

"黑夜中诞生,火光中死去,燃尽自我,照亮他人"——这就是它黑色的价值黑色的"灿烂"!

选择拒绝

>> 张兰允

有拒绝才有追求，有追求才能坚持独立的自我。擦一擦眼睛，认真地选择拒绝，不为时尚意乱情迷。

时下，社会各种潮流裹挟着许多前所未有的新奇事物接连而至，于是，生活中出现了那么多的东西使人眼花缭乱，让人眼红耳热，又令人无所适从，当越来越多的不知所措茫然着我们的感觉令我们无从选择时，我们为何不选择拒绝呢？

当人们习惯接受常规安排和既定模式而又沉迷于各种社会狂潮时，选择拒绝表现了一种难得的勇气和人生态度。拒绝的过程是在扬弃、抵制，甚至无言的批判，同时也表明了自己的不盲从——能清醒地观照自身，总代表分析，理智对待，这个过程标榜、张扬了自己的个性，摆脱了许多无形的束缚，获得了心灵自由，何乐而不为呢？

选择拒绝，是因为不适合，不需要，不喜欢，不感兴趣。

一件时髦衣服，无论她吸引了多少倩姐靓妹驻足观望及频频回头，因为不适合自己，可以目不斜视地擦肩而过；一种新型产品，无论她广告做得如何沸沸扬扬，消费大军怎样浩浩荡荡，因为不需要，可以安静地走开不必盲目地留下来；一首流行歌曲，无论她怎样唱红大江南北甚至风靡台港海外，因为不喜欢，可以充耳不闻，任其一浪高过一浪地喧腾；一位走红明星，无论他（她）如何被新闻界炒得炙手可热，又怎样成为众人街头巷尾的话题，因为不感兴趣，可以闭口不谈，任其火爆到天边……

有拒绝才有追求，有追求才能坚持独立的自我。拒绝热闹，是为了追求宁静的生活；拒绝华丽，是为了追求质朴的天性；拒绝名利，是为了追求淡泊的心境；拒绝时髦，是为了追求个性的独立；拒绝放纵，是为了追求完善的自我；拒绝忧愁，是为了追求快乐向上的心情；拒绝轰轰烈烈，是为了追求平凡安详的人生。

擦一擦眼睛，认真地选择拒绝，不为时尚意乱情迷。

■赏析

　　静处深思，心灵地下室中的空气翻卷而出，盈满胸膛！

　　今天，有太多的纷扰繁杂，有太多的眼花缭乱，也有太多的茫然无从，总觉一切屡现曙光而最终变得黯淡，生命变得混沌昏然！选择拒绝是一种"扬弃、抵制"，选择拒绝是一种自我探索和保存，这包含着稀有的勇气、独立和自尊。选择拒绝是生命质量的一种提纯！

　　"无形的束缚"使我们沉闷，个性的挤压令我们窒息，喜好的控制让我们头眩，"有拒绝才有追求"，学会拒绝，走出一个流光溢彩的人生！

向着月亮跑

>> 张兰允

向着月亮跑吧，冷静的思考后，做一次理性的超越，就会发现，月亮尽管永远挂在眼前，而月亮又永远被我们甩在身后！

小时候，总喜欢和一群小伙伴在月夜的旷野里自由疯跑，边跑边舞着小手乱呼乱喊，比一比谁的本领大，谁能跑过月亮。记忆中的月亮圆圆的，大大的，很亮很亮，因为圆圆的亮丽，才吸引了我们这群无知的孩子，我们总想通过拼命奔跑，把月亮落得远远的，看都看不到，但无论怎样努力，月亮永远在头上高渺的天空遥遥挂着，谁也追不上，谁也落不下，我们便以为是自己太小了，而比我们大十几岁的娟子姐就能。

娟子姐命令我们一群小孩子傻乎乎地对着月亮"稍息"，而她则向着月亮跑出几十步，回头一指，果然，月亮就被她甩在后面了。现在想来才明白，在娟子姐的眼里，月亮也是遥遥在前的，因为有了距离做背景，我们看到的只是一种视觉差异。

走过憨态童稚的孩提年龄，回首娟子姐简单可爱的"欺骗"，那轮圆圆的大月亮总在记忆的天空冉冉升起。月色笼罩的世界，澄明而纯净，温婉而祥和。每当事业受挫，遭遇逆境，身心疲惫时，想起月夜下的奔跑，想起娟子姐，想想月亮之于我们永恒的距离感，心中蓦然顿悟了许多。

也许，机缘与幸运像月亮一样离我们亦远亦近。当我们为了太多不切实际的欲望和追求，在喧嚣的尘世不停奔波劳碌，在自我的圈子里与自己的梦想赛跑，毫无目的地与某种虚幻的参照物攀比，是否也在追求一种生存的茫然呢？而换一个角度，我们分明就在前面；比如我们虽然没有金钱，智慧却没因此远离我们；没有权势，真诚却没因此冷落我们；没有花天酒地，纯洁朴素的情感也没因此抱怨我们，我们还拥有健康的身体，拥有快乐的心情……我们何必在自我的误区中徒劳呢？

向着月亮跑吧，冷静的思考后，做一次理性的超越，就会发现，月亮尽管永远挂在眼前，而月亮又永远被我们甩在身后！

■赏 析

　　生活中如果有谁每天夜晚向着月亮奔跑，那他一定是神经有毛病，会被认为"傻"。但这个"傻"行动又蕴藏着多么令人深思的哲理啊！我们在奋斗的征途上，对事业的执着，对理想的追求，直至事业取得成功，理想变为现实，这中间，又何尝没有傻子追月的精神呢？

　　生命不息，追月不止，我们定会成功！目前人类不是已经把月球踏在了脚下吗？

　　只要坚定不拔，勇往直前、勇敢执着的去追求——事业、才能、知识、爱情……一切美好的东西，我们都会拥有。

快 乐

>> 黑 妹

地狱里的人只想着用长柄汤匙喂自己，而天堂里的人却想着用长柄汤匙去喂别人。

这是两个一模一样的房间，一间是地狱，一间是天堂。

地狱里放着一锅肉汤，一群人围着肉汤，每个人手里都拿着一把可以够到锅子的汤匙，但汤匙的柄比他们的手臂长，没办法把东西送进嘴里。"天啊，这可怎么办呀？"他们一个个面黄肌瘦，饥饿万分，充满绝望和悲苦。

天堂里也放着一锅肉汤，一群人围着肉汤，每个人手里都拿着长过手臂的汤匙。可他们有说有笑，愉快地喝着肉汤，一个个红光满面，快乐而幸福。

一样的房间，一样的肉汤，一样的长柄汤匙，为什么地狱里的人们痛苦，而天堂里的人们快乐？

原因很简单：地狱里的人只想着用长柄汤匙喂自己，而天堂里的人却想着用长柄汤匙去喂别人。

学学天堂里的人们，也许我们每个人都会快乐幸福。

■ 赏 析

这则短文，先不考究是否有天堂和地狱，它给我的启示就是：心中装着别人的人永远感到满足和幸福；私欲膨胀的人则永远因为敛财不足而痛苦。

一首歌词中唱到：只要人人都献出一点爱，世界将变成美好的人间。这"美好的人间"不就是"我为人人，人人为我"的境界吗？不就是充满温馨、快乐和幸福的天堂么？

找

>> 张玉庭

我小心翼翼地在她的心弦上寻找着可以和我共鸣的声音，找到了它，我也就得到了她！

有个字眼意味深长，什么字眼？找。

有句挺精彩的俏皮话就带"找"字：编个花冠并不难，难的是找到一个合适的脑袋。

细品这个"找"字，他果然能给人一个重要的启迪——原来，花冠再漂亮再美不胜收，只要戴在不合适的脑袋上，那漂亮就会立刻沦为一种尴尬！反之，即便你的那个花冠并不怎么样，但只要您能"找"到了那个"合适的脑袋"，您就能立刻创造出一个叫做"美丽"的奇迹！

于是想起了泰戈尔的一句哲理诗："我小心翼翼地在她的心弦上寻找着可以和我共鸣的声音，找到了它，我也就得到了她！"

不是吗？正如传说中找凤凰的人，总是"小心翼翼"地"找"着梧桐树，而一旦"找"到了梧桐树，也就找到了那神奇的凤凰！

原来——聪明就是"找"：

聪明的种子，是找准了土地才扎根的那种！

聪明的渔夫，是找准了地点才抛钩的那种！

聪明的猎人，是找准了脚印才下网的那种！

那么，你呢？您聪明吗？

■ 赏 析

记得一首儿歌唱到：找呀找呀找呀找，找到一个好朋友，敬个礼呀，握握手，找到一个好朋友。儿歌天真浅显，从中折射出一个深刻的道理，即朋友千千万，"好"友有几个。要得到一个好朋友，就需要

"找呀找呀找呀找"。找"好"朋友如此，寻找知音，探求真理又何尝不是如此呢！

要得金凤凰，先找梧桐树；要想取真经，先寻真佛主。

■ 火红的日历

>> 虞荣舜

朋友，当火红的宣言照亮你如花的年龄，你该用怎样的旋律和色彩来构筑韶华的风流？朋友，当时代检阅你青春的活力，你该用怎样的激情和胆识煅冶人生的品位？

跨出春的耕播，与踏青者交臂而过。你终于用年轻渴求的手，揭开岁月瑰丽的扉页，那映人眼帘的每行诗句，闯人耳畔的每段交响，都是亢奋的《热血颂》，都是雄壮的《大风歌》……

井冈山下五月不衰的鲜花，是方志敏烈士的坦诚笑颜；红岩顶上五月凝重的云霞，是"江姐"铮骨浩气铸成的一片丹心；南京路的"五卅"风暴，化成了东海之滨的振兴佳音；天安门前的"五四"火炬，照亮了华夏自强的坦荡胸脯。

五月，怀着先驱们如火如荼的信念，披着月季、牡丹溢彩的锦簇走来了。

朋友，当火红的宣言照亮你如花的年龄，你该用怎样的旋律和色彩来构筑韶华的风流，是清月垂柳下泛舟荡波的恬美，是周末舞会旋转的灯染成的七色奔放，是电吉他与雀巢咖啡交融的醉人芳醇，还是街心花园"英语角"的不倦倩影？

朋友，当时代检阅你青春的活力，你该用怎样的激情和胆识煅冶人生的品位：是《雷锋之歌》响彻神州的时代强音，是中国跳水队倾倒汉城的矫健身姿，是北京正负电子撞对机的瞩目火花，还是深圳快马踩响了腾飞的频率？

呵，奋发的中华，正荡起激越的旋律，充满力度的节奏，连同灿烂的阳光和强劲的东风一起奔向希望的晨空……

为让祖国早日收获崛起的理想，你又该用怎样的神思刷新这火红的日历？

赏 析

　　有时间，就会有日历。时间是一种动态美，它的脚步永远不会停歇；而日历则是一种静态美，每翻一页，就会定格一段历史。

　　撕去的日历，是一本历史的教科书，"那映入眼帘的每行诗句，闯入耳畔的每段交响，都是亢奋的《热血颂》，都是雄壮的《大风歌》……"

　　历史，已由前人誊写，而未来，却在我们手中。只要，多一些理想，多一些执着，我们年轻而渴求的手，同样会"刷新"这火红的日历。

■ 旗　帜

>> 王安雄

旗帜的力量，能使颗颗水滴汇成波澜壮阔的大江，能使粒粒沙土聚成巍巍崇高的峻岭，能使株株独木连成郁郁葱葱的森林。

牵引一股波涛行走的，可能是她身边的一段岸；而牵引千条江万条河，后浪推着前浪向着同一个既定方向前行的，则只能是那众望所归的大海。

召唤一只鹰飞翔的，可能是它寻觅着的一个瞬间目标；而召唤所有雄鹰鲲鹏日复一日、年复一年飞越征途的，则只能是那博大高远的蓝天。

驱走一片黑暗的，或许是一束烛光；而驱走整个世界黑暗的，则必定是那普照人间的太阳。

影响一个人改变一个人一生轨迹的，往往是存留于他（她）心中的一句名言或一个崇拜的典范；而影响一个民族改变一个民族历史进程的，则必然是一部科学理论和一位人人崇敬的伟人。

旗帜，是造福万事万物的伟大象征。

旗帜的力量，可以排山倒海。

旗帜的力量，可以众志成城。

旗帜的力量，能使颗颗水滴汇成波澜壮阔的大江，能使粒粒沙土聚成巍巍崇高的峻岭，能使株株独木连成郁郁葱葱的森林。

因为旗帜，一个战士成了可歌可泣的英雄；

因为旗帜，一个民族成了顶天立地的巨人。

■ 赏析

人的生命不能没有旗帜。如果你航行在黑夜的海上，旗帜便是前方耀眼的灯塔；如果你攀登在险峻的山上，旗帜便是山顶俏丽的风景。

旗帜是力量的召唤。"旗帜的力量，可以排山倒海，可以众志成城。"只有旗帜在前方召唤，奋斗才会无畏，生命才会前行。

人的生命应当树立旗帜，"因为旗帜，一个战士成了可歌可泣的英雄；一个民族成了顶天立地的巨人。"而生命若有了旗帜，就可以给未来铸就辉煌。

■ 活得真实

>> 佟可竟

在心灵的自语中，尽可以厌恶你的厌恶，崇拜你的崇拜。世味之浓淡无需迎合，粉饰于耳目到底是虚荣，只把真实坚持为一种活着的原则，清醒于自己在阡陌上行，因何对酒，与谁和歌。

活得真实，是一种挑战。

生活中每一回对真实的履践，都会令我们不由自主地萌生对自己心灵的感动，生命也由此获得一次痛快地呼吸。

而拥揽这份真实，是多么地不容易。

尘缘难尽，我们无以超拔；物役累重，我们不忍减缓。在烦嚣中，我们便心怀几许应对的机巧：傲岸掩饰着内心的卑微，强蛮蒙蔽了意志的脆弱。埋藏心爱，偏偏顾左右而言他；一颦一笑，谁都难吃准其真意。行为就这样背叛着真实的意愿，无论随意还是故意。

只是常有一种败北的感觉袭心而来，因为灵魂总能敏感到一种深刻的困境。毕竟我们还真实地明白，唯有原原本本的生活才最珍贵。

生命的成长本来就是这样简单与纯粹，所有复杂皆出自人为。正如"人间的葬礼也可能是天上的婚筵"。显而易见的却是，人活得越接近真实，就越感到艰难，这也许缘自文明与自然无可避免的对垒。

我们可以用心灵的自语去抚慰败北的伤痛。

在心灵的自语中，真实的闯入再也不会遭到俘获。但凭它轻裘缓带，修复着我们的愿望——"愿望是半个生命"，而真实地再现它，生命便挥就成一轮圆满的辉煌。

在心灵的自语中，尽可以厌恶你的厌恶，崇拜你的崇拜。世味之浓淡无需迎合，粉饰于耳目到底是虚荣，只把真实坚持为一种活着的原则，清醒于自己在阡陌上行，因何对酒，与谁和歌。

活得真实，若肯用生命相盈握，天天都会飞临无愧的问候。还有什么怕闪失的呢？

活得真实，或许能成为一种心灵的习性。

活得真实，怎知不是一层人格的亮色？

■赏 析

读完这篇文章，我感觉自己心灵产生强烈的震撼，不能不从内心深处佩服作者对生活材料独特的处理和深入的挖掘。

文章在叙述上很有节制，因而显得简洁。表现了作者有着不错的驾驭语言的能力，尤其结尾"活得真实，或许能成为一种心灵的习性，活得真实，怎知不是一层人格的亮色。"两句话含蓄且有韵味，顿使这篇文章富有一种哲理意味，更容易引起读者共鸣。

因为它真实！

微笑是一把神奇的钥匙

>> 胡世宗

微笑是一种无声的亲切的语言。微笑是一种无声的动人的音乐。微笑是人类一种高尚的表情。微笑永远是生活里明亮的阳光。朋友，你手中是否牢牢握着这样一把神奇的钥匙呢？

朋友，你会微笑吗？

也许你会十分不屑理会我提出的这个"傻问题"，而在实际生活中，这个"傻问题"几乎会时时摆到你的面前。

你走在路上，被一个骑自行车的人不小心地碰了一下，你感到臂膀的疼痛，刚要厉声斥责骑车人，他却送给你一个歉意的微笑，你的感觉如何呢？

你心爱的一个花瓶，被来家串门的莽撞的同学不慎碰打了，你很心疼，面有不悦之色，同学送给你一个不好意思的微笑，你的心情会怎样？

你在相爱的时候，恋人给你的微笑或者你对恋人的微笑，是一种柔情的暖风，可以化解那种成为情感隔膜的冰霜。

无论男女，在情感生活中都需要柔情。而柔情的发展，同它的最直接的、人人都理解的外部表现——人的充满真挚和美的微笑——有着内在的联系。

不会微笑的人是蠢笨的人。

不会微笑的人是乏味的人。

微笑在脸上，其本源却在内心。

保加利亚哲学家基里尔·瓦西列夫在《情爱论》一书中说："爱的微笑像一把神奇的钥匙，可以打开心灵的迷宫。它的光芒照亮周围的一切，给周围的气氛增添了温暖和同情、殷切的期望和奇妙的幻景。"

微笑是一种无声的亲切的语言。

微笑是一种无声的动人的音乐。

微笑是人类一种高尚的表情。

微笑永远是生活里明亮的阳光。

朋友，你手中是否牢牢握着这样一把神奇的钥匙呢？

▇ 赏 析

微笑是什么？"微笑是一把神奇的钥匙"，这是作者朴素的见解，亦是恰切的比喻。

朴实的文字，独到的分析，把道理隐藏于平凡的故事中，是我所喜欢的表达方式，十分钦佩作者的从容，娓娓道来，虽无华丽的词句，但字字句句无不透露出作者对生活的热爱，也许只有对生活进行了深深思考的人才能造就出如此舒缓的文章吧。

因感染上作者的情绪，我也忍不住想对读者说："把你的嘴角扬起来吧，微笑在等待开启你封闭已久的心门。"

平凡人生

>> 丁宗皓

在平凡的时光里，让思想、情怀、品格盛开成三月如诗如画的原野，在寂寥的人生之路上，唱一支热烈而充实的歌。认真地爱一切值得去爱的一切，恨一切必须去恨的一切。认真地度过平静的每一天，在平凡的土地里播下不平凡的人格与操守、尊严与责任的种子，默默地奉献情感，默默地改造着环境，默默地让生活充满友爱和信赖。

生命仅仅是一个过程，一个转瞬即逝的过程，短暂得如天穹中一颗消隐的流星。

关键在于我们在身后能留下什么？

哲学家留下了深邃博大的思想，多少年过去了，世界依然被他的言语笼罩；诗人留下慑人心魄的情感，诗人陨落了，诗句却为世人吟诵；伟人在身后留下了一座丰碑，上面镌刻的是生的伟大、是业绩的辉煌，丰碑太高，高得使人只能仰望；英雄在一刹那留下了果敢与坚强，留下了情操与人格，使世人为之闪动的是点点泪光……

我们可能仅是芸芸众生中的一员，平凡得如路基下的一粒石头。然而我们不能抱怨，来到这个世界，我们本来就无法选择母亲、选择职业……但我们可以选择自己，在平凡的时光里，让思想、情怀、品格盛开成三月如诗如画的原野，在寂寥的人生之路上，唱一支热烈而充实的歌。认真地爱一切值得去爱的一切，恨一切必须去恨的一切。因为我们平凡，我们才可以自由地伸展一如粉红色的牵牛花；因为我们平凡，我们才可以认真地度过平静的每一天，在平凡的土地里播下不平凡的人格与操守、尊严与责任的种子，在人群里，习惯默默地承受痛苦，默默地奉献情感，默默地改造着环境，默默地让生活充满友爱和信赖。

野火烧不尽，春风吹又生，当丰碑躺倒在原野上，而小草又一年一度欣欣向荣。可能我们的生命尚不如原野上的草，但我们绝不遗憾：我们曾真诚地生活过。

我们正真诚地生活着。

■ 赏 析

读这篇文章的时候，和作者产生了共鸣。

我们真诚的生活在平凡的世界里，没有哲学家的思想，诗人的情感，伟大的业绩，但是，平凡的人们仍然认真的对待如天穹中流星般转瞬即逝的生命，没有张扬的个性和惊心动魄的经历。而我们却时时体会着淡淡的哀愁和淡淡的喜悦，在生活中，我们总可以找到让自己安心的理由，然后抛开一切不如意，继续在世俗里平淡的生活。

只是因为平凡，所以我们永恒。

去自讨苦吃

>> 佟可竟

追求你未必能企及的向往，抛弃你已经拥有的安适，尝一个你从未吃过的青果子，走一程你不曾跋涉过的沼地泥湾……学会容纳失意，学会品尝苦难。即使折戟沉沙，人仰马翻，只要意志能铸成一个不倒的硬汉。

你让明天披挂着辉煌在前边等你，你浸在今日的霞光里沐浴。你想生活该是一块不化的酒心糖，总有润甜醇美的滋味伴你。

那么，苦涩的青果子给谁，受难的滋味给谁？请柬并不都是来自上帝的召唤，地狱中的魔鬼也从来不会歇闲。

也许你人生之旅真都是虹桥花路，没受过羁绊，没遭遇过磨难。失意于你，犹如一个极陌生的路人，你甚至从未同他打过照面。你真想为自己的幸运开一瓶爆响的香槟酒了，独自领受那飞喷香沫的祝愿。

可是幸运者未必富有，因为生活的馈赠远不止是跪呈给你的一只摆满香食的果盘，除此还有另一种滋味的供奉，我想，那就是苦和难。对此，你何尝不该虔诚地领受？

人，过于舒适往往会流于平淡，几遭磨难甚至会生出不凡。莫如时常对自己说：去讨点苦吃吧。

追求你未必能企及的向往，抛弃你已经拥有的安适，尝一只你从未吃过的青果子，走一程你不曾跋涉过的沼地泥湾……学会容纳失意，学会品尝苦难。即使折戟沉沙，人仰马翻，只要意志被铸成一个不倒的硬汉。

没有磨难，不配称真正的活过，没有痛苦，就不是真实的人生，有了这样的经历，你将无意再评说幸与不幸，因为对苦难的咀嚼要远胜于甘甜。

莎翁说："在命运的颠沛中，最可以看出一个人的气节。"这是将苦难视为财富的人的证言。

"自讨苦吃"，认真地揣上这话上路吧，别再把它视为一句戏言。

■ 赏 析

　　你没有经历饥饿的历史，你便不知道一粒米的可贵，不知道那些被太阳晒黑了皮肤的耕耘者的可敬，当然更无从感受饿得头昏眼花或者伸手乞讨的可悲和可怕。

　　没有受过寒流的抽打，你的血液里、你的骨髓中就不能孕育生长而抗争的细胞。你必然十分脆弱，容易胆寒。周身缺少足够的热流和火焰靠什么温暖爱人冻僵的脸庞和手指？

　　苦，可以折磨人，也可以锻炼人。吃苦也是一种资本。"去讨点苦吃吧。"

■ 给自己一个旁观的眼神

>> 佟可竟

有时候我们必须照镜子，以预防败北感逐渐变成思想，以照镜子来激励我们的精神。

有距离，成像才清晰。

距离可以容纳我们有沉淀后的思考，距离可以允许我们以冷视的目光去观察。而最易使我们的认识出偏差的，恰是无距离的自己。

我们对自己的认识总是不甚适当，真应了佛学之沦，自己是个魔鬼，我们要与之一辈子作战？

如果我们能试着给自己一个旁观的眼神。

平素，我们对自己的过错总能找到借口，甚至预先就轻易地原谅了。而对自己的小有所得却急于夸饰，沾沾自喜。

这时候，如果我们能想着给自己一个旁观的眼神。

在你认为自己是最出色的时候，有可能是遮蔽的视野培植了这种满足。而菲薄自己，恰在于对自己失去客观的评价。

如果我们能总给自己一个旁观的眼神。

痛苦、狂妄、忧烦、自得，我们极易被任何一种情绪坠陷，常常丧失冷静之态。由此，我们的心灵遭遇过自己设置的许多劫难。

如果我们能及早给自己一个旁观的眼神。

用旁观的眼神看自己，你才体会"你能做的一切，从应该被做的角度来看，你始终只是沧海一粟。"

用旁观的眼神看自己，你会毫无优越感地自视为芸芸众生的一分子，把人生作为自己的作品去积极地干预。

用旁观的眼神看自己，就像"有时候我们必须照镜子，以预防败北感逐渐变成思想，以照镜子来激励我们的精神。"

用旁观的眼神看自己，我们会放弃从前对自己的姑息，我们会对他人以豁达替代猜忌。我们的爱情未必非要惊心动魄，我们在心灵之约中不戴伪善的面具。

有人说，现代人最大的不幸便是不能冷静地看自己，为什么不可以给自己一个旁观的眼神？从从容容地与灵魂对视。

客观待自己，人生便又是一番天地。

■ 赏 析

人不可能十全十美，所以要不断地审视自己，完善自己。平素，我们常对自己的过错找借口，开脱罪责；常对自己的小有所得急于夸饰，沾沾自喜；常认为自己是最出色的时候，你是否意识到你正走向极端呢？如果我们能给自己一个旁观的眼神，你将会发现自己的美中不足。也许能减少你很大的损失。

杀人抢劫者，如果及早给自己一个旁观的眼神，也许不会命归黄泉；贪污受贿者，如果及早给自己一个旁观的眼神，也许不会走向穷途末路。"痛苦、狂妄、忧烦、自得"时，别忘了给自己一个旁观的眼神。

■ 寻求心灵的快意

>> 佟可竟

朋友本是不计利益的，不论人有多微、位有多卑。朋友的感觉，不是撑破一把伞、淋湿同路人的那种痛快。朋友的境界，岂能让别人作为自己铺设道路的砖石？

朋友的待承，不在于硬撑面子也要摆上等的酒席；

朋友的情分，不论相求相帮，伸手就应出自真心实意。

歌里唱着：朋友多了路好走。

我们便急着把每一个刚结识的新面孔吆五喝六地唤做朋友，将其拢在撒开的网下，动心于情谊之外的图谋和算计。

莎翁这么说："不要对每一个泛泛的新知滥施你的交情。"

"对谁都是朋友，实质对谁都不是朋友。"先哲的话更是一语见的。

因为我们追逐的东西太多，友情也被沾染上了名利。对朋友的期望值甚或偏向他会对我有何用——

抑或是可以攀援利益的梯子，不济也是逃离困海的舟楫。

朋友的称谓，丧失了情谊的贞操；

人情的赢欠，却费了我们不少心计。

朋友本是不计利益的，不论人有多微、位有多卑。

朋友的感觉，不是撑破一把伞、淋湿同路人的那种痛快吗？

朋友的境界，岂能让别人作为自己铺设道路的砖石？

有人如此评论时尚：张嘴就是挣钱，无人不言利。

那么，友情比之金钱和物欲真的失去了诱惑力？

我说不。

朋友，我们一向不肯放弃，人生之旅怎能没有情谊。

只是当我们脱口而出的时候，真该留神有没有追随其后的图利谋益？别让这些飘轻的尘埃，日久腐蚀了朋友二字的真义。

"愿除了寻求心灵的加深之外，友谊没有别的目的。"

为此悉心以赴吧，让我们共同体味这人生不可或缺的快意。

■ 赏 析

人说没有朋友的人生就如没有阳光的世界。

那么，朋友是什么呢？

朋友，不是"硬撑面子"的"待承"，也不是"虚心假意"的"情分"。朋友应该是"不计利益的，不论人有多微，位有多卑"，朋友的感觉是"撑破一把伞，淋湿同路人"的那种痛快；朋友的境界是"不把别人作为自己铺设道路的砖石"。

相识是缘，相知更是缘，朋友的交往应该是能留下恬静和清新的那种"君子之交淡如水"。

请共鸣于作者的"别让飘轻的尘埃腐蚀了'朋友'二字的真义"，悉心以赴，让友谊旨在寻求心灵的加深。

■ 唱一首简单的歌

>> 罗 兰

我们生而为这世界的一个微粒，一切我们对这世界的反应皆是自然而且必然。我们由这片大地滋生，我们必然适合而且适应这片大地。个体的生命既由大地赋予，个体的死亡也只不过是归返本真。

我好闷！我想唱个歌给你听听。

我要唱一首简单的歌，快乐的歌、自然的歌、天真的歌，像清溪的水或山上的泉；像一只麻雀随意的凋啾，或一只燕子无忧的呢喃。

哦！不，它应该什么也不像，它只是一首简单的歌。

我从前常常唱歌，但后来就很少唱。好像起先是我发现没有人要听我的歌，后来我就没有心情再去唱，到现在，我觉得好像自己早已哑了。

我从前一直很不喜欢那些只念书而不唱歌的人。他们那么郑重其事地、勇往直前地求学问，他们从来不觉得唱歌有什么意思，而我只是喜欢歌唱。我在不得已的时候才念书，而我一天到晚都在唱歌，所以我常常都很快乐。

不知从什么时候起，我就很少唱歌了。

不唱歌，我的生活就只剩下了呆板冷硬的工作。我看了好几本书，每本书都充满着道貌岸然、自命不凡，打算一手遮天的这思想、那思想，这哲学、那哲学。每本书中都充满着看似意义严格，实际上是含混不清、毫无意义的抽象字句。那些写书的人把自己提出生活之外，提出常识之外，在那里说着一些他自己发明的话。因为他是疯子，所以他希望全世界人都变成疯子；因为他是被亏待者，所以他希望全世界人都感到自己被亏待；因为他狂妄，所以他希望全世界人都做他的臣民。他们每个人都希望自己的思想是全世界人们的先知——知道宇宙的奥秘，生死的真义。却没有一个人开颜笑笑，来唱一首歌；也没有一个人开颜笑笑，来画一幅画；也没有一个人颂赞他们所置身的这个大地与头上的天空。

他们找出一些最冷僻的词句来试图解释或剖析这个世界，其实，他们不知道，假使世界无意义，那字句也就根本不会有意义。假使世界需待解释，他的那些字句就更需待解释。他们不想到自己是这宇宙中一个小小的微粒，微粒不可能控制宇宙或扭转宇宙。

我们生而为这世界的一个微粒，一切我们对这世界的反应皆是自然而且必然。我们由这片大地滋生，我们必然适合而且适应这片大地。个体的生命既由大地赋予，个体的死亡也只不过是归返本真。

人生是真实，理论才是最荒谬！

所以，我要用这首简单的歌来赞颂我的世界。它是这样欢跃而又静默，这样丰富而又单纯，这样从不夸大，而却真正辽阔无边、亘古长存。

我快乐，我这样唱。

我愁苦，我也这样唱。

我爱这世界，但我不必反抗死亡。因我知道，我死后，我的世界还活着，我只是回到那滋生喂养我的可亲的泥土。

要慎防那些把世界切片，放在显微镜下，端给你看的人，要了解他们是何居心！

要了解，当他用郑重夸大而冷酷的办法，冰冻了你的爱心，吓退了你的胆气之后，他自己却正好可以跨大一步，去享受他脚下的世界——吃美味、饮佳酿、穿华服、享盛誉，并且恋爱，并且结婚，然后志得意满地庆贺自己因狂妄浮夸而将会史册留名。

■ 赏 析

音乐是神圣的，它能让人的灵魂飞扬起来，甚至得到净化；可以沉淀所有的忧伤与苦痛，洗尽铅华，换来清爽人生。

"唱一首简单的歌"，读过之后，真的如听了一首美妙的歌，飘逸盈满心湖。一个"欢跃而又静默，丰富而又单纯，真正辽阔无边，亘古长存"的世界近现眼前。

人生之旅，快乐，忧伤在所难免，作为"一个世界的小小的微粒，一切反应皆是自然而且必然"，面对辽阔的世界，"唱一首简单的歌"，让自己的灵魂找到归宿。

过去的辉煌

>> 霜　枫

多迷人的辉煌啊！像温柔美貌的情人一般，你不忍让她片刻离开怀抱。

伟大的人把辉煌的业绩刻成历史，一再告诫人们：忘记过去就意味着背叛。希望那历史永远不要忘记那段辉煌。

渺小的人把一时的辉煌当成炫耀的资本，念念不忘；想当初，我曾……

是呵，人，都有过或多或少或大或小的辉煌。伟人的辉煌也许可能改写一段历史的篇章；凡人的辉煌或许只是改变了一下自己命运的凄凉；即使你平凡得不能再平凡，记不起任何辉煌，而你来到这世上的第一声啼哭，不也猿啸般响亮?!

多迷人的辉煌啊！像温柔美貌的情人一般，你不忍让她片刻离开怀抱。

可惜，日历不能向后翻去，时间也顽固地不肯驻足。过去，只成为一枚橄榄，可以回味，却填不饱肚肠；美丽的情人，也只是心中的情影，渐渐人老珠黄；而过去的辉煌，更照不明你前面的路，只是身后的一缕灯光……

好汉不提当年勇，既然如此，我们又何必留恋已经过去了的时光？岁月无情地碾过了1992，又怎么能够再回去徜徉？

庆幸的是，对于未来的日子，不管你是伟人还是凡人，不管你高尚还是卑琐，不管你曾经走过的路是平坦还是坎坷，我们都站在时间这个同一起跑线上——

有本事的，就抛掉以往，再去创造一个崭新的辉煌！

■ 赏　析

"忘记过去就意味着背叛"，于是，很多人便捧着那过去的辉煌，"念念不忘"，"不忍让她片刻离开怀抱"。

日历不断地向前翻着，伴着岁月的钟声，是谁在用那苍老的声音宣读着亘古不变的人生法则——不要沉浸于昔日的辉煌！

"好汉不提当年勇"，的确。历史的车轮虽为我们留下了一道自豪的印迹，但车轮必定要继续向前，必定不会转回！

正如春天的花儿，到了秋天就应该结一枚果儿了。作者用沉重的声音激励着我们——"有本事的，就抛掉以往，再去创造一个辉煌！"

柔韧人生

>> 李含冰

宁折不弯，不失为一种豪迈气概，但有许多时候"折"得不当，放弃一次就意味着永远地失去。

辽河滩里长着一种白柳，我很喜欢。

晨风中，一丛丛白柳长舒舞袖，摇动身姿，尽情地轻歌曼舞。也许是辽河水滋润的缘故，白柳条的性格极柔顺，修长的枝条可以做出各种图案：弯成一个圆儿，像十五的月亮；打成一个弯儿，又像女孩好看的细眉……因为白柳条宁弯不折，所以常有人用它编织出各种精美的工艺品。剥去外皮，剩下枝干，光滑洁白，任由抚弄。有多少天工之意，诗情画意，都可以揉入枝条一展神奇。

柔韧，让白柳条的生命增值。

人生何不如此？

当你面对挫折和失意时，应该柔韧一下自己，让生命展示一幅崭新的图案。于是，便有了一个全新的自我。

宁折不弯，不失为一种豪迈气概，但有许多时候"折"得不当，放弃一次就意味着永远地失去。

宁弯不折，不是无所作为的懦弱，而是一种审时度势的明智之举、一种力的积蓄；不是屈膝胆怯，而是一种新的追求，一种科学的选择。宁弯不折，是一道亮丽的风景，为岁月增添了动人的色彩。

有时退让可以更好地向前。

水是柔韧的，可以九曲十八弯，却能汇入大海；小草是柔韧的，任风摇动，却可以铺展成万里大草原。高山巨岩伟岸雄壮，需要有潺潺流水的滋润，雷鸣暴雨能洗涤大地，也有丝丝细雨润物。只有坚硬，没有柔韧，生活的画面就不能完整。坚硬有时让我们失去了不该失去的东西，柔韧有时却让我们得到了意想不到的东西。

柔韧和坚硬是书写人生的两支笔，交错着写下人生的欢笑与泪滴。柔韧和坚硬共同搭成一架阶梯，只有踏着这架阶梯，才有可能把我们承托到追求的高处……

■ 赏 析

　　人生路上，我们会无数次地被突如其来的挫折击倒，欺凌，甚至碾得粉身碎骨。也许，我们会从此一蹶不振，自己一文不值。但无论发生或将要发生什么，在上帝眼中，我们永远不会丧失人生的价值。人生的价值不依赖于我们的所作所为，也不仰仗我们结交的人物，而是取决于我们本身！

　　宁折不弯，不仅是一种气质，更是一种精神，一种至高无上的精神！面对挫折与失意，柔韧自己，宁弯不折不仅可以重振自己的精神世界，还可以达到胜利的彼岸！

■ 脸　孔

>> 赫　玲

经验的密度、知识的密度、思考的密度……驱使人们去创造、实现某些事的行动的密度一脸孔就靠一个人的这些内在累积，逐日被改造成与往日不同的形貌。

脸孔可说是一个人综合的象征。

它，无法像捏泥土那样将其改变形状，但是，它的确是天天因自己的所思所为而在改变。

经验的密度、知识的密度、思考的密度……驱使人们去创造、实现某些事的行动的密度——脸孔就靠一个人的这些内在累积，逐日被改造成与往日不同的形貌。

换句话说，反映一个人这种内在变动的就是所谓的脸色。它即是"一个人价值的外观"。

美国林肯总统的一个朋友，有次向他推荐某人为阁员。林肯却没用他。推荐的朋友问林肯何以不用他。林肯说：

"我不喜欢他那副长相。"

"哦？可是，这不太严厉了？他不能为自己天生的脸孔负责呀！"

"不。一个人过了四十岁就该对自己的脸负责。"

日本经济学家、教育家小泉信三曾说：

"精于一艺或是完成某种事业之士，他们的容貌自然具有凡庸之士所无的某种气质与风格。读书亦然。读书而懂得深入思考的人，与全然不看书的人相比较，他们的容貌当然不尽相同。""潜心熟读伟大的作家、思想家的巨著时，的确会使一个人变得与别人不一样，这件事当然也会显现于一个人的容貌。"

完成某种大业的人，有其风格，有其魅力。即使不和他有所深谈，只要与他在一起，让人觉得三生有幸。此即所谓的魅力。

什么叫做魅力？它，可能是指一个人具有的声望与感化而言。它不是一朝一夕之间可成的，而是那个人长期努力的结晶。妙就妙在，它会显露于一个人的容貌。

赏 析

　　在形成的概念中，仅认为脸孔是展现人形貌的美或丑，谁也不应为"自己天生的脸孔负责"；今天明白，原本，脸孔是"一个人价值的外观"。抽象地令人不由深思：怎会这样定论？

　　其实，这是个普遍隐秘的问题。经年的生灵在岁月流逝中，定位留住一些东西，它们逐日积累，又经做"大业"的人加工制作，便成了人的内存，显现于脸孔上，后被迁升为"气质、风格和魅力"。

　　时间洪流中，人，抓住了什么，又放弃了什么？脸孔告诉你。值得记住："一个人过了四十岁就该为自己的脸孔负责"。

■ 散文的小语

>> 周彦文

不要像雨蛙围着一片池塘鼓鸣，愿像啄木鸟孜孜寻找解决人世间不平的良策。

A

愿我的散文，成为我魅力的磁场，人格的外化。成为最贴近我，也最贴近你，最贴近灵魂的一种思维形式。成为最少确定性，最多随意性，最自由放任的美丽载体。

让思想、情感和智慧拥有最广阔的空间。

愿我的散文，成为我心灵的窗口，成为你视力的延伸。让你看到我的面容，也看到我的内心；看到我的过去，也看到我的现在；看到我的欢乐，也看到我的痛苦。让散文成为你我沟通的媒介，理解的桥梁；成为思想的容器，解剖的医室。

愿我的散文，成为思索的叹息，行吟的歌谣。让你可以清智，可以美容，让散文成为你气质和风度的营养。发现是这种精神享受的前提，发现得愈多，情趣愈多，智慧愈多，思想也愈多。

让散文成为人类精神的富有，让思辨和抒情成为人类日臻成熟的标志。

B

愿我的散文像青春的候鸟，用自己的眼睛飞越长空，用自己的喙在百姓家筑巢，用自己的心唱自己的歌，在华屋和荒野之间穿梭飞行，在通俗和高雅之间牵线搭桥，把天堂和地狱连接起来。

愿我的散文，不像一股旋风而像大草原上浩荡长风。旋风只是飘忽的烟，而长风是无边无际的裹挟，无边无际的席卷。使年轻的人不得不介入，使年老的人不得不动容。

愿我的散文不像河流，更不像小溪，而像深邃无垠的大海。河儿只能造就一个狭长的流域，而大海才是波澜壮阔、气象万千的世界。浮起朵朵白帆，映入天光云影。有无限的风光，也有无限的蕴藏。

C

散文需要激情，也需要沉静的力量。

散文需要青年的直勇，也需要长者的智慧。

散文需要美，讴歌美，也要揭露丑恶和卑鄙。不要像雨蛙围着一片池塘鼓鸣，愿像啄木鸟孜孜寻找解决人世间不平的良策。

黎明，当森林从梦中苏醒，成群的鸟儿从枝头腾飞，向高远的天空抖开一面彩旗，那便是我的散文。它不是黄河湖畔一位老翁的垂钓。

傍晚，牧人撤开彩霞的网，收拢珍珠般垦散的牛羊，那便是我的散文。它不是清晨从羊圈中窜出的一条恶狼。

我们每个人在这世界上生存，就如一粒带电的微尘，当受到撞击时便发出能量。那便是我的散文，或平实，或空灵，或感觉，或悟性，都来自一种真诚的力量。

D

我的散文是弱者的微吟，它与野蛮和专制无缘。我的散文是强者的歌唱，它与民主和法制联姻。它是进步者的伴奏，它是腐朽者的丧钟。

我不愿像一粒尘埃随着风儿沉浮，随着声浪震荡。总让人无情地抹掉，那是由于去栖息豪华的府宅。

看你的散文总缺乏一种独立自主的品格。不是依附于强权，就是依附于时俗；仅仅是小花小草，仅仅是一木一石。一片东倒西歪仿佛醉汉的宴席。我愿我的散文昂起坚强的头颅。从此挺起脊梁。

E

我不在乎我写的像不像散文。

我不死咬着什么是散文。

我也许写着一种不是散文的散文。

爱是不签订合同的。精神生命的诞生，也无须预先设定性别。

正像只称诗人，而少称诗"家"一样，散文也与散文界没有家族关系。散文分散在四荒八极，潜伏于思想、激情和爱的褶皱、波纹和柔肠里。

▨ 赏 析

夜幕降临，成群的鸟儿在枝头翻飞，向浓郁的绿色"抖开一面彩旗"，尤如笔者空灵的文字在脑海里飘扬。

何为散文？从笔者圆熟的字句里寻找到：散文是每一个生活细节的捕捉，是每一份心情剪影的撷取，是每一次心灵跳动的触摸，是编织生活成五彩的绸缎，去展示生命的流程，抒唱理想的率真。

"散文需要激情，也需要沉静的力量"，写得成功散文，将是很好的人格外化。

呼唤灵性

>> 陈清辉

是因他的正直与憨厚，被世俗的风刀霜剑摧残得伤痕累累、疲惫至极。而唯有那些会唱歌的汉字，能给他灵性的思想以饱暖的慰藉。

A

每当更深夜静，他的笔总能将城北一间寂寞暗淡的小屋燃亮。

自他粗大的手掌下汩汩流出的辛酸缠绵，以及对那些本不应遭受的屈辱和歧视的艰难抗争，不断擦亮侨乡诗的星空。

他高大的身影连同他那不断长高的诗，越来越成为古城一处独特的风景。

B

他用抚摸过篮球的大手抚摸那些奇特的汉字，那些汉字竟会发出悦耳的声音。

他将故乡的夕阳、蛙鸣、炊烟装进诗笺，酿出了一罐罐芳香四溢的美酒。

于是，当他想起故乡老母的慈颜，想起小河边恋人的樱唇，他总会打开那些美酒来浇灭思念的痛苦，然后在沉醉中摸响那些会唱歌的汉字……

他常能在那些平凡的汉字里摸出传神的两笔。他是想让那传神的两笔熬过漫长的百年，让后人能够忆起他那双会说话的眼睛？

不！

是因他的正直与憨厚，被世俗的风刀霜剑摧残得伤痕累累、疲惫至极。

而唯有那些会唱歌的汉字，能给他灵性的思想以饱暖的慰藉。

■ 赏 析

　　人们都说"他"是一个有灵性的人，但"他"自己却不这样以为。"他"说"他"有过一段最年轻而没有痛苦的爱情，于是"他"开始唱自己的歌，在千呼万唤的背后，在难舍难分的眼中，你们可能会明白那是一个什么样的经典爱情史诗没有结束，没有开始，一直在他内心荡漾不已。

昨天的故事

>> 李天荣

感谢上苍的精心设置。将季节的轮回调理得有条不紊、尽善尽美；感谢大自然以不同的盛装丰富着我们生命的每个流程，艳丽的春天，像一个擅长水彩的画师，大肆铺张着各种色彩的热烈与豪华；酷暑盛夏，使所有本已浮躁的人们变得颠狂、放浪；丰年与欠收是秋天所有内容的总和，让人向往，又惧怕它的到来；而一支炭素笔一管长箫，是冬天亘古不变的背景……

没有一个季节像冬天这样让人感到岁月交替的惊心动魄，在漫漫寒夜里，心灵澄明空寂。2000多年前孔圣人一句"逝者如斯夫"，不仅道尽了对生命和时间的珍惜，也道尽了人类对自然的感慨与无奈。我是凡人，也在冬天的季节里感悟人生的点点滴滴，一如无助的善男信女，面对人生的无常莫测，求助于神灵的庇佑恩典一样，带着对冬天的虔诚、膜拜，我渴望理性的升华、精神的超度。

感谢上苍的精心设置，将季节的轮回调理得有条不紊、尽善尽美；感谢大自然以不同的盛装丰富着我们生命的每个流程，艳丽的春天，像一个擅长水彩的画师，大肆铺张着各种色彩的热烈与豪华；酷暑盛夏，使所有本已浮躁的人们变得颠狂、放浪；丰年与欠收是秋天所有内容的总和，让人向往，又惧怕它的到来；而一支炭素笔一管长箫，是冬天亘古不变的背景……

萋萋芳草日渐憔悴，一片片树叶纷纷飘离枝头，那是生命对大地的承诺。当凛冽的北风把日子吹到岁月的深处，昨日的光景都成了无颜回首的苍白浅薄。冬天不是爱的季节，却淋漓尽致地体现着爱的沧桑、生命的峥嵘。

风寒霜重，万籁沉寂在无所不在的寒气之中；半轮冷月是永远漂泊、永无归宿的精灵，在深幽浩渺的天际，高傲而孤独，注视着多少执迷不悟的芸芸众生。此时，一把千年二胡的揉弦和慢弓如泣如诉，反复唠叨着一个又一个昨天的故事……

■ 赏 析

　　漫长而又寒冷的冬季渗透着那份恒久不变的爱和欣欣向荣的生命，化作冬日的暖阳，穿过都市的尘埃，照亮我内心深处的渴望，也许每个人心中都有一段美好的昨天的故事，不管是爱的沧桑还是生命的峥嵘，是否都留在冬天那段美好的回忆里？

黑陶·鹰

>> 陈新泉

一只充满生命悸动的雄鹰，穿过旷世持久的古歌。在阳光照耀的鳞片里，以夜的纯度血的原色啼唤蛰伏破碎的雷声后那一抹春的亮丽……

夕阳给深秋的黄昏涂一抹悲怆。

一只鹰，一只陶质的黑鹰闪电般冲破岁月深处的屏障，以夜的纯度血的原色掠过沧桑的目光呼啸而去。阳光的碎片唤醒悠远沉郁的雷声，两片窒息的鳃在古陶的裂纹里亘古地嗡动。

雪，在梅的骨朵上静静地燃烧。古老的歌谣泉涌咯血的喉头，秃岭枯枝上，我的爱人踏着生命的节拍在苍凉的白光中将历尽坎坷的信仰美妙舞得风姿绰约。

黑陶凝思风中沉淀一段岁月的风风雨雨，鹰翅徘徊寒星朗照的夜空优雅地划过梦的眼睛。不堪回首的往事无意间踩响琴声失眠的忧怨，一杯遥祝好人一生平安的酒，被我无奈的手握成一枚终身惭愧却依然楚楚动人的诺言。

旷寂的天空下一朵黑色的火焰穿透骨胳的废墟，在远离心之创痕的万韧绝壁之上以灵魂的圣洁悠然而歌。

苦难的石头在我骨骼幽蓝的烛照里，感应一滴珠泪的咸涩与博大而痛不欲生，时光在一种假象后面生动啮食精血饱满的初衷，一支罪恶的响箭微笑成罂粟花美丽的眩晕夺走恪守经年的处子的贞洁。

一翎泣血的轻啸透骨而入，以金属的硬度冷漠地刺伤冥冥苍穹下转瞬而逝的无与伦比的辉煌。梦，跌入深渊。古歌，那支源自炼狱之火经久不息野藤般坚韧而苍劲的古歌，漫过阳光的祭坛让泅渡严寒的鲜花在超越生命的悲壮里独自美丽绝伦。

石头上浮，流水下沉。那么多的黎明与子夜在一种厚重的音质里因时光的幻觉，于失之交臂的惆怅中痛苦地错位。

一只充满生命悸动的雄鹰，穿过旷世持久的古歌。在阳光照耀的鳞片里，以夜的纯度血的原色啼唤蛰伏破碎的雷声后那一抹春的亮丽……

■赏析

雪般的眼睛，云般的翅膀，妖魅般的速度，在黄土地上空凄凉的呼号……于是，"我"融入了鹰的血液，"我"看到一些流动的东西凝固，一些凝固的东西开始流动，倏忽的一切事物在变化，使我的眼睛藏在指缝中，久久不敢动，体味着抵达一种生命的高度。

白天与黑夜的轮回，这是亘古不变的规律，黑夜一枕美梦，白天美梦成真，因为我们是"只充满生命悸动的雄鹰"，是的，雄鹰是不会畏惧黑夜的，更不会畏惧高山大海，风雨雷霆。

人生四季

>> 广　文

人生宛如四季，但面对庄严的人生，我们总不应该因羡慕青年的豪迈而虚掷少年时光，因羡慕中年的成熟而虚掷青春年华，因羡慕老年的清闲而虚掷中年岁月；因为人生的享节只有一次轮回！

一年四季，每个季节都会引起人的一些感受：冬天，人们只感觉到它的寒冷，于是总盼着春暖花开的日子。当春天来临，才觉得春风并不是人们想象的那么温柔，还往往夹杂着恼人的沙埃。于是人们又在等待着夏天的到来，因为夏天不仅有潮润的风，更有绿荫的世界。可到了夏天，人们却又不堪忍受其酷热、蚊蝇的骚扰和无休止的大雨。于是只好期待着秋收的欣喜，但秋后的田野依然使他感到了一丝的萧煞和落寞……

人们的确是常常以这样的心态去品评四季的，但是，如果把希望都寄托于未来的季节，而把眼下的季节都化为烦恼，把过去的季节都沦为悔恨，则人在一年之中还有几天好日子过呢？

人生宛如四季，但面对庄严的人生，我们总不应该因羡慕青年的豪迈而虚掷少年时光，因羡慕中年的成熟而虚掷青春年华，因羡慕老年的清闲而虚掷中年岁月；因为人生的季节只有一次轮回！

■ 赏　析

人生是跋涉，也是旅行；是等待，也是重逢；是探险，也是寻宝；是眼泪，更是歌声。人生是五味瓶，人生又是充满新奇和幻想的。

也许人们都会期待有一份满足自己的人生，一份洋溢美感的人生。然而却忘记了，人生四季本不同，不同的色彩，不同的美和不足。我们为什么不去洞察美，而去刻意追随那些不足呢？以致"少年追梦青年，青年向往中年，中年期待老年"，而"把过去的季节都沦为悔恨"。

人生之旅是七色的，只要我们用心去品味人生的四季，你会发现人生四季其实都挺美。

台 阶

>> 陶 扬

台阶是虚伪的。当人们奋力挤上台阶乐此不疲时，山的险峻山的风采已经被它悄无声息地掩盖。

登山是艰难的壮举，一路上有陡峭的山崖、桀骜的荆棘。登山，需要付出汗与血的代价！然而，如今的登山路上，除了累与疲倦，少了荆棘少了坎坷，而多了一级一级石做的台阶。

台阶是虚伪的。当人们奋力挤上台阶乐此不疲时，山的险峻山的风采已经被它悄无声息地掩盖。人们见到的不是山的真面目，而是带着面具——台阶的山。例如著名的中山陵，人们踏着平缓的台阶去瞻仰孙中山先生，怎能体会到当年孙先生的人生革命道路充满了荆棘与坎坷！台阶，只是平缓，只是平淡……

台阶一旦出现，其舒坦使人们的惰性增大，千万人挤一条道。于是，千篇一律，少了个性；单调呆板，少了生动。很少有人再想起走没有石阶的路，走一条充满荆棘也充满未知、充满神奇的路。也许是人们享受惯了安逸吧。鲁迅先生说："其实地上本没有路，走的人多了，也便成了路。"台阶本来也没有，前人尝试过，才知道这条路可以通向成功。

我想，正是有了太多的"台阶"，人们的安逸思想才与日俱增，而敢尝试着走向坎坷的人却越来越少。成功的路上总是充满荆棘。而有台阶的路，永远没有荆棘，也永远不会通向真正的成功。那么，台阶的出现是一种幸运，还是悲哀呢？

■ 赏 析

"成功的路上总是充满荆棘，而有台阶的路，永远没有荆棘，也永远不会有成功。"作者以一句非常有哲理的话揭示了全文的主旨。

以往写台阶大多都是赞颂，而作者却反其道而为之，从一个新的视角写出了台阶的危害性，选材十分的新颖，给人耳目一新的感觉。

作者指出："台阶是虚伪的。""台阶一出现其舒坦使人们惰性增大，千万人挤一条道。"告诫人们要以自己的努力去争取成功，利用台阶是不会有成功的。

聆听月光

>> 陈新泉

聆听月光，聆听清亮的笛音穿越子夜的静谧掠波而去，袅袅飘零的柳叶如放飞掌心的红蜻蜓，在我眼眸深处溅一路湿漉漉的水花，凄美的意境里，让自己将自己感动。聆听月光，聆听心之弦在伊人馨香的怀抱里，铮铮淙淙地流淌一段酸涩与甜蜜……

款款而来，圣洁的玉体在一片祥和温馨的清辉里，散发出一阵阵兰的幽香，梅的高洁。微风轻拂，谁在摇曳的柳梢后抛一串莺歌燕语……

流水潺潺的小溪旁，几分惊惶几分羞涩的金色小鹿，静静地将一泓相思啜饮；红莲婷婷的池塘里，出浴的少女将一颗颗玉露串成项链，佩挂在赤裸的胸前；垂柳依依的湖畔，一尾美人鱼碧波戏水，夜色中漾起涟漪一圈又一圈。

人们常说月光似水，女人如月亮。我的每一次幽会都与水有缘，每一个梦境里都漂流着一枚水作的月亮。

无月的夜晚，独坐寂寞深处，幻想花开的季节有一种声音将所有的门窗次第打开，让我的梦拥有一片湖水的蔚蓝拥有一方月的恬静。

在那些情窦初开的日子里，我们有意或无意间被水所困，被一轮水乳交融的月光所困。就这样伫立在爱的沼泽地，面对一种温柔一种美丽的陷阱的诱惑而不能拒绝。岸在远处召唤，曾经走过的路和路旁啜泣的紫丁香在石头的深深宁静里，悄然动情。

聆听月光，聆听清亮的笛音穿越子夜的静谧掠波而去，袅袅飘零的柳叶如放飞掌心的红蜻蜓，在我眼眸深处溅一路湿漉漉的水花，凄美的意境里，让自己将自己感动。

聆听月光，聆听心之弦在伊人馨香的怀抱里，铮铮淙淙地流淌一段酸涩与甜蜜……

人的一生能有这么一次刻骨铭心的辉煌，那该是件多么好的事情。

■ 赏 析

　　月光怎可用耳朵聆听？作者在文中把女子比作月亮，月亮当然与女子有关系了。作者先用大量铺陈写出少女的各种美态和恬静。聆听月光，其实就是用心去感受少年情窦初开的纯洁的美好心灵。心可能曾为此受过伤痛，但不管是长相厮守还是曾经拥有，它都是人生中的不可磨灭的风景。

　　聆听月光，亦是谛听你那起伏不平的少女情怀，感受一份人生的一次刻骨铭心的辉煌！

■ 宽　容

>> 雯　雯

人人多一份宽容，人类就会多一份理解、多一份真善，多一份珍重与美好，生活中的酸甜苦辣也将化作五彩的乐章。

每个人都会有不如意，每个人都会有失败，当你的面前遇到了倾全力仍难以逾越的屏障时，请别忘了：生活需要宽容。

宽容是人类情感中最重要的一部分。这种情感能融化心头的冰霜，驱散眉宇的阴翳，焕发重整旗鼓的力量，使你留得青山、可图再起。

宽容是一种无声的教育。"惟宽可以得人"，宽容最终将迫使伤害你的人情愿或不情愿地走向道德法庭的被告地位，或者受到这宽容的巨大感召，放弃伤害，归顺于美好的人际中来。

宽容是人类性情的空间。这个空间愈大，你的情绪就愈有转折的余地，就愈加不会大动肝火，纠缠于鸡虫之争。宽容别人，给别人留条后路，别人才会报之以宽怀，这也为自己留下了余地。从某种意义上说，宽容别人也是宽容自己、保护自己。给别人留一些空间，你自己将得到一片蓝天。一个宽容的人，到处可以契机因缘，和谐圆满，微笑着对待人生。

宽容是心境、是涵养、是气质、是境界，它是处世的经验、待人的艺术、为人的胸怀。

失败时，多一份宽容，停止对自己的申诉，驱散"一朝被蛇咬，十年怕井绳"的阴影，心中就会少一份懊悔，少一份沮丧，就有了"胜败乃兵家常事"和"尽心焉而已"的自慰，就能在心底扶起一个坚强的我。

人人多一份宽容，人类就会多一份理解、多一份真善，多一份珍重与美好，生活中的酸甜苦辣也将化作五彩的乐章。

■ 赏　析

无论是"忍一时风平浪静，退一步海阔天空"还是"海纳百川，有容乃大"，都说明了宽容的重要性。

生活需要宽容，它是人类情感中最重要的一部分，是一种无声的教育，是人类性情的空间。宽容是"心境"、是"涵养"、"是气质"、是"境界"。

欣赏宽容、学会宽容，它会使你的生活更加丰富多彩，使你的人生更加美丽多姿。

别忘了——学会宽容。

温 柔

>> 高 航

　　春风算得上温柔了吧，它从冻结的河面上走过，坚冰竟出现了裂缝；棉花称得上温柔了吧，蹦得再高的棉球一落到上面，就再弹不起来了；友谊也该是温柔的吧，可它能叫铁骨铮铮的硬汉愧悔不已，潸然泪下。

　　温柔，你品尝过吗？你给予过么？
　　绕梁的紫燕是温柔的，它要用这种美好东西，来熏陶和哺育幼辈；代烈日暴晒补过的月光是温柔的，它将平和、清凉的银辉洒向大地，轻缓地抚慰被灼伤的记忆；滴嗒滴嗒的台钟是温柔的，它安稳而又体贴地踱着，从不惊扰每个香甜的美梦；少女的心地是温柔的，一个姑娘如若不具备这点，那她还能有多少魅力呢？
　　有的人，在妈妈怀里撒娇的时候是温柔的，以后命运将其拨弄得不成样子，温柔随同人生的价值披一起拍卖了；有的人生来匮乏温柔的细胞，可是几经风雨之后，生命之树的根部却长出了温柔这只蘑菇。
　　诚然，温柔常与爱恋、仁慈为伍，常跟宽厚、善良作伴。不过，谁要以为温柔同"软弱无力"有什么瓜葛，那就有失公允了——
　　春风算得上温柔了吧，它从冻结的河面上走过，坚冰竟出现了裂缝；棉花称得上温柔了吧，蹦得再高的棉球一落到上面，就再弹不起来了；友谊也该是温柔的吧，可它能叫铁骨铮铮的硬汉愧悔不已，潸然泪下。
　　温柔，何其神奇微妙的东西。你几乎看不见，听不出，摸不着，但却能感受得到。它是一种慈祥、热诚、仁厚、道义和爱的结晶体，它坚强有力，它与美丽并存。

■ 赏 析

什么是温柔？可曾有人想过？
温柔不是困难面前的软弱无力，也不是父母无原则的溺爱，更不是朋友之间无原则的顺从。

细想，爸爸的巴掌虽高高举起却轻轻落在屁股上，虽有小痛，可那爱却温柔在心底。朋友的执言虽让你难过好几天，可严厉的话语中却字字包涵着温柔的情谊。

温柔"它是一种慈祥、热诚、仁厚、道义和爱的结晶体，它坚强有力，它与美丽并存。"

今生今世

为了看看阳光，我来到世上

>> 摩 罗

一颗纯净的心需要另一颗纯净的心的相互映照，一颗黑暗的心更需要一颗纯净的心的照耀与沐浴。由黑暗而光明，则痛苦而幸福，这是一种漫长的灵魂洗礼。

"为了看看阳光，我来到世上。"巴尔蒙特的这句话，自从我第一次读到它，就几乎一天也没有忘记过。诗人就像一个从来没有受过伤害的人一样，如此诚挚、欣喜、宁静地歌颂着大地、阳光和人欢马叫、喧腾不息的世界。

普鲁斯特在《追忆逝水年华》中，写到"我"在火车停站时，见到一位卖牛奶的姑娘："……晨光映红了她的面庞，她的脸比粉红的天空还要鲜艳……有如可以固定在那里的一轮红日，我简直无法将目光从她的面庞上移开……"

普鲁斯特对于阳光的敏感与迷恋，给我留下了极为深刻的印象。体验阳光、体验美、体验幸福、体验纯净、体验温馨、体验柔情、体验思念和怀想。这样的精神生活，这样的心理空间，实在太有魅力。即使是受尽心理折磨的尼采，到了晚年还依然怀恋着年轻时代"那些充满信任、欢乐，闪烁着崇高的思想异彩的时光——那些最深沉的幸福时光"。那些最深刻最博大的灵魂，几乎都是既能充分体验人性之暗昧，又能充分体验阳光的明朗和温暖的人。

究竟是伤痕累累的心灵容易感到人世间的美丽温馨，还是没有受过伤害的心灵更容易感受到这样的美丽温馨？我老是被这样的问题所萦绕。也许无论是否受过伤害，一颗善良的灵魂总是可以敏锐地感受阳光与温暖的。

但是，没有受过伤害的心灵，他不只是能够感受阳光，他就是阳光本身，只要你见到他，你就不难感到他的纯净、透明与温暖。这是任何受过伤害的心灵所不可比拟的。

一颗纯净的心需要另一颗纯净的心的相互映照，一颗黑暗的心更需要一颗纯净的心的照耀与沐浴。由黑暗而光明，由痛苦而幸福，这是一种漫长的灵魂洗礼。

　　为了看看阳光，我来到世上。

　　为了看看阳光，我祈祷于世上。

赏 析

　　作者从巴尔蒙特的一句话入手，结合普鲁斯特对于阳光的敏感与迷恋，抒发纯净的心灵感悟，这其中包含着对人类生存状态的执着渴盼：以充实、向上的精神生活来添补自己的心理空间，拒绝"黑暗的心"，用纯净的心去体验各种风情。作者把幸福、温馨、柔情、温暖等比拟成阳光，希望所有的心都经历"一种漫长的灵魂洗礼"。读之令人振奋给人感悟。

认识一个人，真好

>> 小 雪

真正的关怀，是一杯清茶就足以温暖一颗封冻的心，是一根小火柴就足以点亮一片黯淡的心空。

当承诺像美丽的窗纸一样破损，不再能遮风挡雨，某种苍凉沁入心房。这时，一个人，或许是熟识的，或许是陌生的，走过来对你说：你真幸运，没让那张薄纸延误了一双可以望得更辽远的眼睛。

于是，你在一瞬间抖落了一身的抑郁。你不禁会说：认识一个睿智的人，真好！

一次倾其所有的选择导致了一次惨不忍睹的失败。"怀疑自己"像一把利刃刺割着你淌血的心灵。跌倒在荒野里，你失声痛哭。有一个人，他拎着简陋的行囊，走过你身旁，仿佛不经意地遗落一句话：是让失败改变选择，还是让选择扭转失败呢？往前走走吧。走，总是好的。

于是，你爬起来。说：真的，哪儿有趴着的冠军呢？

在人生无法逃避的跌宕中，认识一个豁达的人，真好！

当你正如朝阳初升时，你看到身边的人如影相随。一次突如其来的变故阻断了你喷薄而出的灿烂。于是，在你张开双臂等待支撑时，蓦然回首，却发现，从前的许多人已渐渐远去……你看到，来时的路上已寂寥无声；你听到，自己的心空骤然落雪。

这时，他（她）从你的背后走来，那是你一直忽略甚至漠视的一个人。他（她）没说一句话，只是双手捧过一杯升腾着袅袅白雾的热茶，放在你冰凉的手心里，然后悄然离去。像从未曾来过，又像彼此相知已久……

豁然间，你感悟了，真正的关怀，是一杯清茶就足以温暖一颗封冻的心，是一根小火柴就足以点亮一片黯淡的心空。

在人世间的沉浮冷暖中，认识一个没有沾染功利的满怀爱心的人，真好……

■ 赏析

抑郁时"认识一个睿智的人，真好"；失败后"认识一个豁达的人，真好"；失意时，"认识一个没有沾染功利的满怀爱心的人，真好"！

人与人之间要相互关爱，相互珍惜。看到跌倒的人，拉他一把，不为获取他的感激；看到哭泣的人，劝他几句，不为博得他的赞誉，送出关怀，拨开别人脸上的阴霾；送出真情，温暖别人冰冷的心灵。

让人像灯一样，无私地将彼此照亮。

你 和 我

>> 苏 军

但愿你是孜孜不倦的园丁，能让我享受到果实的芳香；但愿我是精湛高超的厨师，能让你品尝到人生的快慰，这是你我的选择……

你和我，在不同的母胎里成长，却共同来到人世间，生活在一个世界里，这是你的缘分，我的福气；

但愿你是闪闪发光的启明星，能照亮我的前程；但愿我是烁烁生辉的星辰，能陪伴你的生活，这是你我的平等；

但愿你是钢轨上的枕木，能让我人生的列车畅通无阻；但愿我是大厦的基石，能让你事业的高楼平地拔起，这是你我的互助；

但愿你是知识的琼浆，能让我吮吸到人类理智文明的营养；但愿我是生命的摇篮，能让你安心地快快长大，这是你我的互给；

但愿你是锋芒毕露的利剑，我能佩服你的直率和阳刚；但愿我是柔中带刚的绷带，你能容纳我的委婉我的衷肠，这是你我的互谅；

但愿你是孜孜不倦的园丁，能让我享受到果实的芳香；但愿我是精湛高超的厨师，能让你品尝到人生的快慰，这是你我的选择；

但愿你是友谊的倾慕者，能让我深知人间纯情的可爱；但愿我是爱情的追随者，能让你了解世上的真诚，这是你我的奉献；

但愿你是我的朋友，而不是我的化身；但愿我是你的同伴，而不是你的偶像；

你和我，可以肩并肩，携手行进在两条平行线上，但愿不互相撞在狭路上；你和我，可以互相追逐，彼此竞争，但愿不吞没，诋毁对方；你和我，可以友好，互爱，但愿不成为附庸，彼此占有。

因为生活已带给你我共同的真谛；人与人应该是星和星的关系，彼此照耀，而不互相倾轧。

■ 赏 析

每一个相逢相识的人，请都来听我的声音：愿我们平等、互助、互给、互谅。

　　我们相伴作闪闪星辰，将黑暗照亮；我们为彼此铺平道路，使人生顺畅；我们为彼此积聚力量，共创明日的辉煌；我们有着不同的性格，却可以互相理解谦让。

　　我们的友情真率、纯洁、挚诚，我们的交往不会凌驾于对方之上。

　　你和我，会是永远的知己，永远的伴侣！

淡忘起初

>> 王安雄

我们的起初，即使是一片待业的土地，即使有几分荒芜，有几分寂寞，那也不要哀叹。现实中的哪一座飘香的果园，不是由起初的荒地一镐一镐地开垦出来；哪一条宽敞的通衢，不是从起初的被遗忘的角落开辟筑成?!

不要指望，起初就是星辰。

起初如虹一般横空出世、光彩照人的，毕竟很少；况且，起初如此的灿烂，还只是依赖某种天赐的良缘。

起初如雷霆一般不鸣则已，一鸣惊天动地的，毕竟难得；况且，起初拥有如此巨大的反响，还只是凭借某种博大的背景。

不要抱怨自己过于寻常，起初竟如此没有色彩、没有声响。你不妨往宽处去想：起初并不说明一切，并不决定一切；再不妨往远处去想：起初之后的路还很长，起初之后，还有时间去争取、去赶上。

我们的起初，即使是一页白纸，即使有几分浅薄，有几分苍白，那也不要沮丧。世间哪一件不朽的作品，不是在起初的一页白纸上创造出来?!

我们的起初，即使是无名的山涧小溪，即使有几分懵懂，有几分迷惘，那也不要悲观。天下哪一条大江大河，不是由起初的无名小溪流淌而来?!

我们的起初，即使是一片待业的土地，即使有几分荒芜，有几分寂寞，那也不要哀叹。现实中的哪一座飘香的果园，不是由起初的荒地一镐一镐地开垦出来；哪一条宽敞的通衢，不是从起初的被遗忘的角落开辟筑成?!

纵然我们不是天才的诗人，起初的歌唱就卓越非凡；但我们终能成为苦吟的诗人，一步步接近成功。

赏 析

起初并不一定都虹一般"光彩照人"，雷霆一般"惊天动地"。而是往往"有几分苍白"，"有几分迷惘"。要想铸造明天的辉煌，必须将起初淡忘。

不必报怨寻常的起初，因为小溪才汇成大海的浩荡；不必恼恨寂寞的起初，因为石块才砌成山的雄壮。

起初只是一个点，有可能伸展或一条光亮的线；起初只是一些字，有可能写就煌煌的巨篇。

"不要指望，起初就是星辰"。

只要能够，未来闪耀光芒！

雨的乐章

>> 罗 兰

我舍不得让这样的雨停，也舍不得走进这雨。而只愿坐在窗内，听它在外面、在远处潇潇，走近时渐渐，再渐行渐远地离去，却跟着又扫来一排，潇潇又渐渐，而你可以想象，当它们经过时，那被风吹送着的雨脚，在路面上溅起来的水雾，是多么空灵又迷离。

微 雨

你不知道什么时候开始下雨的，也不知道是什么时候曾下过了雨。只觉得静静的空气中，忽然渗进了泥土的芳香，跟着带来了轻轻的凉意。你觉得自己的心中无端地漾起了几分喜悦——这世界，怎么是如此的静谧美好呢？

于是，你很想出去走走。

当你来到外面，看见地上是湿的，这才知道，原来什么时候下雨了。

你看不见这雨，也听不见这雨，你只能把手伸出去试试看，也许它已经停了，也许还在细细地飘着。

要不要撑把伞出去呢？

不是很必要，如果你喜欢淋一点雨的话。

不过，带上一把伞，可以允许你多在这样的雨中徜徉一刻。

嗯，空气真好！

趁着人们都为了下雨而不肯出来的时候，可以更直接地看到路边的树群和草地，都因这细细的雨而变得那么滋润与深浓。你的脚步也越来越轻快，仿佛你也是树或草，因为这雨，而展现了充沛的生机。

闷 雨

夏天，北方有一种雨，大家叫它"闷雨"。

天气先是闷热极了，空气像凝固了一样，人们挥扇不已，却挥不出一点儿风。

忽然，西北角上乌云密布，轰隆隆，雷声响了，你还没来得及防备，就看见那大点、大点的雨，带着劲健的重量，打在泥土地上。一打一个圈圈，深入到泥土里，这你才感觉到满楼的风，说声"雨来了！"

来不及做什么准备，唰啦啦地急雨，就紧跟着风的衣襟，窜进了整个的空间。"檐溜"一下子就形成了，像被人迅疾地放下了卷着的珠帘，哗啦一声，挡在了你的门窗之前，整排整排的珠子，闪亮喧哗。抬头看，那紧靠帘前一排，从远处快乐地挤过来，一个一个地挤过去，急板的节奏，像小孩在嬉笑着，欢迎这雨，院子里一下子就积了盈尺的水。荷花最开心了，那粉红的花瓣，在来不及承接雨的圆珠，在荷叶旁边，笑得灿烂。

家中养的小小鸡鸭也迫不及待地摆着它们玲珑的尾舵，"吱吱"的招呼着同伴，组成小小的船队，游到院子中央，把新积起来的雨河，划上一些剪形的尾线。那三两枚被雨点打下来的落叶，在它们身旁飘着，真像要给蚂蚁做做渡船。

麻雀却都躲到檐下来了。

小孩子跑到院里去踩水，把他们的小木盆放在水里当小船。大人喝叱他们，说，衣服都淋湿了。孩子们却只顾玩着。

其实，雨已经停了。

天变得好蓝！远处出现了一道彩虹。

秋 雨

秋雨带着淡淡的诗意与凄清。

你爱这诗意，可能正因为它的这份凄清。

潇潇的雨，像弦乐三十二分音符的齐奏，谱表上的记号是"迅速而均匀"。

满城的树，就都瘫痪在这秋雨中，一层一层地变黄与变红了——在纽约、华府或维也纳。

从前是在天津。

秋总是带着雨的前奏，洗净夏天暑热的尘沙给大地换上秋装。

落叶是多么繁华啊！铺满了大地，一层又一层。树群慷慨地摇落这一年的经营，把成绩还给他们的母亲，像孩子们打开那丰富的宝盒。把他们这一年来，天真的积存，献给母亲。啊！多么纯洁的收成！

明年还会有同样丰硕的收成！

秋雨点收着红叶与黄叶，还有掺着绿与黄的彩叶，大大的橡树叶，细碎的柳树、槐树、榆树叶，时髦的枫叶，坚实闪亮的杨树叶，多得数不过来的山莱英叶……纷纷地、静静地、一层层地，铺着。

秋雨为它们洗尘。

天就越变越蓝，大地越来越显得辽阔。

撑起一把伞，穿上雨衣和雨鞋，不是为了挡雨，是为了欣赏这秋意，溶入这秋意。你要这样，才可以和秋雨一起，潇潇的，在极少行人的街道上，不倦地走去。

风兼雨

总是先听到一片匀净的声音。而且总是自远而近，又渐行渐远。于是，你一直追踪这极富音乐感的声音，追踪了很久之后，你才忽然领悟，外面在下雨。

这样的雨，总是和风在一起。你知道那声音是同一个强度的，它之所以有弧形的音量，只因为它是被风挡着走的。风推送着分量均匀的雨，从远处推过来，再带往远处去。这样的雨，打在柏油地上，是整排的、成片的。往一个方向刷过去。你听不见雨滴的声音，你只听见整队的雨，从你窗前扫过去，再接着是下面的又一整队的雨。

非常喜欢听这样的雨，好像有一次听罗斯卓波维其指挥交响乐团演奏拉威尔的音乐，指挥棒从右到左，轻轻地一挥，各组的乐器就那么一整列地接着上一组乐器的音符，迅速轻捷地扫过去，而那样就形成了一个漂亮的乐曲。

有些音乐是成片又成串的，这风兼雨也是，它给你的是方向和距离所形成的强弱，而不是在固定音型与方位上所形成的音量的增减。因此才这样的生动灵活，充满了立体与层次之美。

我舍不得让这样的雨停，也舍不得走近这雨。而只愿坐在窗内，听它在外面、在远处潇潇，走近时渐渐，再渐行渐远地离去，却跟着又扫来一排，潇潇又渐渐。而你可以想象，当它们经过时，那被风吹送着的雨脚，在路面上溅起来的水雾，是多么空灵又迷离。

■ 赏 析

这雨落下来，是微雨，是闷雨，是浓浓烈烈的秋雨，它落下来，正砸在你多情的眸子之上，那么"滋润与深浓"，那么清凉与凄清……

　　这自然之雨水携裹着多么纯净之亲情，一滴滴，一排排，由远及近，由近及远，铺展开去，像明快而热烈的音符，一个连一个，"轻捷地扫过去"，形成了一个漂亮的乐曲。

　　你干涸的心灵之上难道不需要一场深刻的雨水吗？

温 馨

>> 唐 敏

温馨是一道风景，你若以一种闲逸散淡的心情漫步其中时，便也成了一道温馨的风景。一生的时光，该会有多少个温馨串织？一份最凝重、最美丽、最隽永的温馨，任岁月侵蚀、心境变迁，永不会漠视，永远地珍惜。

温馨是初春河上飘过的第一丝草垡；是暮晚天际掠过的飞鸿；是月光如水漫浸的庭院；是满坡黄花间衣袖盈风的少女笑靥；是令你怦然心动的温暖与温柔。

杨槐花宛若漠漠飞雪般散落在人家庭院；青石砌成的古井里，小桶在井壁碰出的清悠回响，雨丝中袅袅撑起的红油纸伞；小酒店里怀抱一管大烟杆半眍着眼品味的老农，这些我们熟悉又亲切的，不也是温馨？

温馨是一道风景，你若以一种闲逸散淡的心情漫步其中时，便也成了一道温馨的风景。

温馨是重阳登高，与另一位登临者不约同吟"我见青山多妩媚，青山见我应如是"时彼此微笑颔首的心仪；是情绪低沉时，坐在朋友书房里，捧着刚沏的热茶，迎着关切目光的释然。

冬夜和学友从城南走到城东吃"麻辣烫"归来，正遇上洒水车突袭无处可避，背转身准备洗一次冷水浴，水车已过，却仍是一身干爽，才发现有个男孩正挡在身前，浑身透湿……之后的日子，谁也没提这件事也不再接受他的关怀，存于心中的那份感念，却是那样深厚。

温馨是种默契，在什么也说不出，什么也不用说时，一个默默的眼眸，就足以表达那份无言的温馨。

温馨是灯影昏黄的小客栈，时断时续的吉他声；是推开门，几个老朋友忽然大叫"看剑"刺身，剑刺来，却是长长的一根甘蔗，于是嚼出的一大堆渣滓和笑声。

几年前离开异乡回故乡，第二天便收到封泪线斑驳的情。依稀写着："你走后的下午，忽然下起大雪，山下梅林红了一片，小店又新到好多好吃的馅饼，回来吧"。当时就想重回小镇，不为着雪中梅花，也不为惯吃的馅饼，只为那份深深的、甜甜的人情味。

温馨是种人情味，总在心中悄悄弥漫开感动和开心，你可知否？

温馨是走在边城小街，高声唱着歌，引得行人窃议："是搞艺术的？"是边招手向已缓缓启动的末班车回去，司机停下车启开门，回头报以关爱的笑脸。

一生的时光，该会有多少个温馨串织？那些虽然一纵即逝却潮润我的眼眸的份份感念，那些纵然久远亦不能淡忘的阕阕故事，都会在心中，渐渐累积，渐渐沉淀成一份最凝重、最美丽、最隽永的温馨，任岁月侵蚀、心境变迁，永不会漠视，永远地珍惜。

■ 赏 析

抛却那份浮躁的心情，于平凡生活之中，感悟"令你怦然心动的温暖与温柔"，感知"那份无言的温馨"。

"温馨是一道风景"，是爱的凝聚、爱的奔涌、爱的低吟，它驱散了你生活的抑郁、烦忧，它使你走进至纯至美的爱的境地，感受美仑美奂的爱的抚慰。

拥有一份"温馨"，就拥有对生活的挚爱和对生命的真诚，就拥有豁达透明的心境和永不锈蚀的青春活力！

寄自夏日的明信片

>> 王贵刚

你爱夏日，就不必停在小花瓣上吟唱岁月，也不必在冷饮杯或园子的青苔中寻觅季节的本质。风又如何，雨又如何，纵然你已不是开花的季节，缤纷泛滥之后的日子，平淡会又连绵成另一番丰硕。

给你一缕我花季的清芬，请别说谢我或是爱我。给你一片我葱葱的绿荫，你不必就此陶醉说生活有怎样宜人的姿色。给你一派我孕育的悄寂，你不必抱怨生长的艰难曲折。给你一则我果实的梦想，你也不必过早地想象收获的快乐。

那么些七月过去了。当太阳的跫音又一次访问你白日所有的情怀，你青春的枝叶到底聚积了多少绿呢？蝶随花飞，花因风落。你不要向我解释什么，就像我无意对你说教一些什么。这样的时刻，你究竟能拥有多少，你的生命能否开出花朵，不要去问任何许诺，也不要听风信子散布的那些早熟的传说。

窗外，有雨声淅沥，洗去日子的俗丽，偷得心灵的清静。这时你想起塞外广大的草原，想起南方茂密的丛林，想山中那些默然红透的野草莓，也想这些无所不在不为谁而绿的蔼蔼清荫……雨，上演许多许多的姿色，许许多多的姿色也由雨摇落。夏日的情操总是如此鲜明：你或者忧愁或者喜悦，都必须从这里经过……

有微风拂发而来。你爱夏日，就不必停在小花瓣上吟唱岁月，也不必在冷饮杯或园子的青苔中寻觅季节的本质。风又如何，雨又如何，纵然你已不是开花的季节，缤纷泛滥之后的日子，平淡会又连绵成另一番丰硕。问你：再需要什么？

——如果，我想说的是，在这躁动的长夏，如果你不只相信风里的传说雨里的典故，不只迷恋于莲塘的花发蝶忙，那末，我愿在心中支付对你的一份祝福。

▓赏 析

　　朋友，"当太阳的跫音又一次访问你白日所有的情怀"，我想轻轻地问一声：你在干什么？

　　——是痴迷于"花发蝶忙"的莲塘？还是只相信"雨里的典故风里的传说"？是屈服于"生长的艰难曲折"？还是"过早地想象收获的快乐"？

　　朋友，一切关于夏的抑郁或奢望是不是在扼杀自己的生活？还是埋下头去，静静地整莳每一个日子，书写每一个崭新的自我！

■ 崇尚简单

>> 陈大明

人生苦短，我们没有太多的时间去苦思冥想，猜疑算计，留下纯粹的欣赏和倾听，留下单纯美丽的眼睛，留下简洁坚定的思维，把生活尽可能还原到简单而实在的状态。然后，背起简单的行囊，"跟我走吧，天亮就出发"！

我们呵——这些涉世未深的青年，总是把简单的事情看得很复杂，把复杂的事情看得很简单。而科学家则一直在致力以最简单的方式来表达复杂的宇宙。事实上，宇宙还是那么复杂地存在，我们当中的绝大多数人，还是那么简单地活着。

刚走向社会，我们总是觉得世界很复杂：包括人际关系、事业路径等等，这样想着想着，心就复杂得理不出个头绪，找不出个方向。其实，这时不妨让心从纷繁复杂中走出来，步入简单。

人类的历程已被历史演习了几千年，几多悲欢离合的家庭故事，几多缠绵徘恻的爱情之歌，以及几多刀光剑影的厮杀拼打，总是在大同小异地重复着，像大海的潮汐，永不停息地拍打着海岸线。潮来潮往。日出日落，仿佛成了人生某种象征性的安排。

我们常常把前路想象成荆棘丛生；我们常常猜测伸过来的手是要掐你；我们总是怀疑别人的笑容里有阴谋；甚至，当成功的鲜花怒放时，我们还认为它是假的……我们穿过花园和森林，什么也不去想，只听各种悦耳的风声和鸟鸣，感受它是多么坦荡和单纯；有时，我们不妨去旅行，当然，请别担心飞机失事火车晚点轮船下沉，我只对那些美好的事物惊奇不已。

就这样活着，吃着五谷杂粮，释放七情六欲；就这样活着，工作学习，尽心努力；就这样活着，恋爱交友，以情换情；就这样活着，简单干脆，无怨无悔。我时常记得乡下母亲的一句话："平民百姓，耕种劳作，享受丰产或歉收的欢乐和忧愁，除此之外，还有多少时间奢求其他呢？"

母亲的活法虽然有点太简单，却给我做人的启发。在她的眼里，一盏灯、一座小屋、一头安详咀嚼的牛，以及金黄的稻谷和一个奔跑的孩童便是她的全部，其实，这是绝大多数人的美好心愿——过简洁纯净的日子，而不愿被所谓的那些高深的人生意义和虚无的精神家园折磨。

人生苦短，我们没有太多的时间去苦思冥想，猜疑算计。留下纯粹的欣赏和倾听，留下单纯美丽的眼睛，留下简洁坚定的思维，把生活尽可能还原到简单而实在的状态，然后，背起简单的行囊，"跟我走吧，天亮就出发"！

崇尚简单，因为我们相信，一切简单、自然的事物都是美！

■ 赏 析

"崇尚简单"，在慢慢地品读中，一个问题悄悄地回旋于思维的空间；人，该怎样活着？笔者提出："简洁纯净"地活着。

感慨，人的荣升枯沉，人的城府太深，人的"猜疑算计"，把人送入复杂、"苦思冥想"的牢笼，给人附上厚重、载满愁苦的包袱，渐渐地，人走向佝偻的生命！似水流年，生命如此短暂，保留一份本身的单纯和简洁，拥有一份粗糙的怀想，轻装上阵，人活得或许不必那么辛酸无奈，也许能够平添一份额外的自在！

人该怎样活着？需用自己的生活体验去解答。

人生不售回程票

>> 张玉庭

我亲爱的青年朋友，您有没有白白地挥霍过自己的青春？有志者们用出色的拼搏装点着青春，感受到了青春的亮丽；

"来去匆匆，忘了感受。"

这是一句著名的诗，它表达了一种深深的遗憾：想感受时才发现错过了机会，而有机会时又偏偏忘了感受！

不妨让我们看看某些"风流倜傥"的年轻人，他们特别奢侈，虽然自己挣不了几个钱，挥霍起父辈的钱财来却颇为"慷慨"；他们明明是不爱学习的精神"乞丐"，却偏要学着金钱"贵族"的样，呼朋引伴，在酒店里吆五喝六地猛喝！在舞厅里昏天黑地地猛跳！在牌桌上日以继夜地猛玩！他们觉得挺潇洒，他们笑得挺轻松，却全然不知自己正在白白地浪费着人生的春天！

自然，等到把青春挥霍完了，他们才突然发现：自己一无所有！

他们挺后悔，因为他们终于恍然大悟：

有志者们用出色的拼搏装点着青春，感受到了青春的亮丽；可自己用没完没了的玩乐演绎着没完没了的浅薄！

有志者们的生活很充实，有志者们笑得灿烂——人家丰收了，成功了，凭什么不笑！可自己过得轻飘飘的，空洞洞的——没有丰收，没有辉煌，即便能笑，那笑也是平庸的，苍白的，肤浅的！

啊！青春真美！春天真美！可自己偏偏忘了感受青春！偏偏忘了在春光里播种！

真想再年轻一次！可是，人生已不再售回程票！

什么叫后悔？这就是后悔！

那么，我亲爱的青年朋友，您有没有白白地挥霍过自己的青春？

想不想笑得美点？那就记住，空洞洞的笑肯定不美！

千万别为了玩得开心才活着！生活中有的是比玩更重要的内容！

■赏 析

在现实生活中，有东西落下了，可以重新回去拿来。道路走错了，可以回去顺另一条路重走。但在人生这个旅途上是永远买不到回程票的。这也如同人们所说的开弓没有回头箭吧！

青春真美，春天真美。可别忘记感受青春，别忘记在春光里播种。否则到你去感受青春，在秋天去准备收获时，你将后悔莫及。

返青你的新生希望

>> 薛晓赤

归田人只要想一想陶渊明的归田自得，再想自己的归田何足愁苦挂眉梢呢？

如果命运把你逼到农耕守田的处境上，何必悲观绝望呢？难道说爽心悦目的田园就不是英雄的用武之地吗?!

"种豆南山下，草盛豆苗稀。"东晋诗人陶渊明辞官归隐，英气不减当年，自觉以归园田居为乐，"晨兴理荒秽，戴月荷锄归。"归田人只要想一想陶渊明的归田自得，再想自己的归田何足愁苦挂眉梢呢？

凝神洗耳听吧！有一支歌唱起来：

"我家住在黄土高坡……"

展眉喜目看吧！有一场舞跳起来：

咚咚的威风锣鼓伴舞曲，源自村巷，敲打出 些新农民的新辉煌……

你再回首观赏咱们辛勤劳作出的田园美景：

梨花白，桃花红，苹果树的红蕾笑绽粉面。

哦，谁说下岗归田人的命运不好？只要有几亩果林和粮田守候，何愁我们的痴心，不就返青起新生的希望……

■ 赏 析

"下岗归田"也许令你"悲观绝望"，以致于忽视了"爽心悦目的田园"风光。听，锣鼓山响；看，桃李芬芳！这一片土地，正孕育着绿色的希望，孕育着明天的辉煌！

坦然地面对田园，快乐地洒下汗水，将梦想与种子一起种下，收获充实的日子与累累的硕果。唉声叹气不能改变什么，付出了，才会有收获。只要你愿意，走到哪里，生命都会焕发出眩目的光彩，守着那"几亩果林和粮田"，就是守着"我们的痴心"返青起"新生的希望"啊！

一朵少女一样的云彩

>> 金 玲

即使有一天，人生因成熟而沉重，也仍需有梦来支撑，有新鲜的露滴，将人生湿润。

过去我常常在想，我的将来是什么样子呢？

那时候，我什么都没有，往往是得到一点点就会高兴得跳起来。现在却很难有什么再让我那么高兴了。现在的我常常在想，我的昨天是什么样子呢？成长的感觉真是很难用语言来描述，你并不知道一天天已经过去了，有的时候，你仍留在昨天的感觉里，有很多很多的梦想，很多很多的打算，这些梦想和打算都是一些有着具体形状的东西，一包包、一盒盒、一块块的，堆积如山，就像逢年过节亲戚朋友送的礼物。

理想和现实之间是否真的无路可走呢？有天晚上我坐在电脑前写一篇一家杂志社急着要的稿子，收音机开着，我无意间听到几个人正在讨论理想与现实的话题，他们的意思是说理想不过是一个美丽的梦幻罢了，人还是要现实些才好。这种观点我是不同意的，我很想同他们辩论一番，可惜我没法钻到收音机里去。我想说的是坚守理想的人生才是最有意义的人生，认同现实、糊里糊涂过日子的人，从表面上看她把一切都抹平了，无所谓了，但骨子里她肯定是不服输的，这种怨气就会从其他方面爆发出来，并且在她的生活空间里四处弥漫，也就是说她虽然"现实"了，但她并不一定快活。

有天我在阳台上收衣服，那些洗干净的衣服上沾着一股浓浓的太阳味儿，我把脸贴了上去，觉得那种味道很好闻。这时候太阳快要落山了，天边立着一朵白云，这朵云的形状很怪，袅袅婷婷的那么一长溜，像一缕轻烟，又像一条从天而降的洁白缎带，待我细看时才发现那不是一缕烟也不是一条缎带，那是一个羞涩地站立在那里的少女。

我想那就是我昨天的样子吧，虽然现在我已经拥有了很多东西：一个温暖的、可以随心所欲的家，一份我所喜爱的、也有了一些成绩的事业，现实生活中我已经没有什么特别不满意的地方了，但我仍是个爱做梦的人。即使有一天，人生因成熟而沉重，也仍需有梦来支撑，有新鲜的露滴，将人生湿润。

有时候我常想，如果我当初不是一个爱做梦的女孩子，那我绝对不会是今天这样子。我从来不怀疑自己的能力，总是按照自己的设计去做自己想做的事情。一旦确定了目标，我们只要默默地去做，不需要再多说什么了。有的人说女孩不应当对自己期望过高，不要老是做那些不切实际的梦，我倒觉得女孩不应当对自己期望过低，永远不要在前行的路上随意地丢弃自己的梦想。一个女孩如果不怀揣着梦想上路，她的心灵一定会是疲惫而缺乏诗意的，她的步履必将是犹疑又散乱的。

天边那朵像少女一样的云彩消失了，夕阳映红了我的书架，那上面有我新出的书，这时从内心涌出来的是对梦想的感恩之情，因为梦给了我生命的激情和快乐。

■ 赏 析

试想，我们成长的过程没有梦幻相伴，那又该是个什么样子呢？

"理想和现实"之间应该是相通的，缺乏旖旎的梦幻的人，他的"现实"很可能就是孤寂、平庸的，他看不清身后的路，也很难判断前面的路，他就会像浮萍一样随波逐浪飘乎不定，有朝一日，他很可能会把自己给丢了。

携着梦幻上路，让心灵于梦幻之中悸动，让生命荡起"激情和快乐"，让理想的翅膀，永远飞翔于现实之上！

新年，你好！

>> 汪国真

在过去的一年里，你有那么多的忧郁，那么多的烦恼。那么，就让它像去年的秋叶永远飘落吧，再让岁月把它掩埋掉。在新的一年里，祝你好运，愿那好运像风，像光，像空气，令你挡也挡不住，逃也逃不掉。

总是在不知不觉中，新年踏着轻盈的脚步悄悄来到。新年的钟声在零点敲响，预示着即将到来的是一个崭新的清早。新年，你好！

北方，雪花美丽地结在树梢，在一阵阵寒风里，跳起了晶莹的舞蹈。大街上，叫卖的老大爷和老大娘，举着那一串串糖葫芦，红红的像温暖的火苗，点燃了过往孩子们快乐的欢笑，新年，你好！

南国，海摇起来还是那么蓝，帆悬起来仍是那样高，快放假了，同学们的心，一半惦着期末的考试，一半已飞出校园，像天上的白云飘呵，飘。新年，你好！

朋友，我知道：在过去的一年里，你有那么多的忧郁，那么多的烦恼。那么，就让它像去年的秋叶永远飘落吧，再让岁月把它掩埋掉。在新的一年里，祝你好运，愿那好运像风，像光，像空气，令你挡也挡不住，逃也逃不掉。新年，你好！

朋友，我知道：在过去的一年里，你有那么多幸运，那么多欢笑。那么，就让它像去年留下来的种子，在新的一年里破土发芽，叶长得更绿，花开得更艳，果结得更好，新年，你好！

在这新的一年里，祝愿孩子们好：祝愿祖国的花朵，绽放出千般妩媚，万种妖娆；

在这新的一年里，祝愿年轻人好：祝愿早晨八九点钟的太阳，冲破层层乌云，身披霞光万道；

在这新的一年里，祝愿老人们好：祝愿晚霞如朝霞，一样迷人的火红，一样熊熊地燃烧；

在这新的一年里，祝愿我们的祖国好：愿祖国更加繁荣昌盛，前进的脚步滚滚奔腾，不可阻遏的万里大潮……

新年，你好！

■赏 析

　　文章诗一般的语言，使人读起来既觉十分优美又琅琅上口，虽然对"祝福"写得面面俱到，但并无冗杂之感，反而又使人感觉十分亲切，不愧为大家手笔。对于新年的描写也十分清新自然，南、北两个地区互相映衬，突出了各自不同的特点，四个整句，语言流畅，顿生美感。

不包裹自己

>> 佟可竟

礼品，要有个包装，藏起一份意外的惊喜；人性，却无需华衣，什么也美不过原本的真实。

春临时节，生命有忘情的冲动。

可是，我们依然遮蔽自己，寒衣脱了，真性还被紧紧地包裹。

提防是人的天性吗？把每个人都当成假想敌，自己造一袭迷彩的躯壳，让人不寒而栗。

有时，我们也迎合，学着混世的狡诈。笑，不是开心；点头，未必满意。我们不惜背弃诚实，去营造一种公认的随和。

谁顾得坦诚地问自己，一天的应酬，几分是真，几分是戏？说过做过之后，连自己的心灵都不肯兑现，我们却从没为此悲泣。

无孔不入的假货，已经让我们身受其害，痛之切齿。我们把"打假"的利器对准生活中的吃、穿、用。那么，谁来销毁我们时常在制造的假言假语、假模假式？它迟早也会使我们形销容毁、面目全非。

为什么要蒙蔽心中的那份纯善，徒怀一腔对真的渴求？

如果我们都不包裹自己，爱恨直言，哪怕是一句"我讨厌"，也出自真意，给人一片诚实的感染。

有一位叫任义的八岁男孩，竟肯舍生跳进冰河去救同伴，他不知道生命正灿烂如花吗？他刹那间的闪念，会是为做一件好事或是学习哪个英雄？恐怕没有比未被污染的人性更伟大了，它无利可图，却震山撼海。

来点由衷的善举，结些真诚的情谊。说你所想，做你所欲。其实，我们再明白不过，什么是地道的真丈夫或者堂皇的伪君子。

礼品，要有个包装，藏起一份意外的惊喜；人性，却无需华衣，什么也美不过原本的真实。

春临时节，谁不脱寒衣？何必还包裹自己。我们总也不醒的梦，不正是让这世界要多明丽有多明丽？

■ 赏 析

  春临时节，我们脱去了寒衣，"真性还被紧紧地包裹，"在处处设防的世界里，我们学会了提防别人，迎合别人，"学着混世的狡诈"，"给自己造一袭迷彩的躯壳"，但是，这样的时节，"生命有忘情的冲动"，因为生活需要真诚，需要一个不包裹的自己，在喧哗，世俗的环境里保持一份清新，保持一份热情，脱去心灵的"寒衣"，脱去"迷彩的躯壳"，只是给别人，给这个世界呈现出一个不需要包裹的清纯的你。

不要祈求太多

>> 他 他

生命在于奋斗，人生在于积累，实实在在地做事，实实在在地做人，实实在在地对待每一个时日，你才会拥有一份实实在在的成功。

每个人都有失望和不满的时候，不是你希望没有实现，就是他的欲望没有满足。每当这时，我们不是怨天尤人，便是破罐子破摔，却很少会坐下来，仔细地想一想，我们为什么一定要有不满和失望。

活着，我们不要祈求太多。

我们来到这世上时，本来就是赤条条的，一无所有，是上苍赋予了我们生命、亲友以及思想和财物等等，上苍待我们何厚！使我们拥有了这么多，又占据了这么多。可是，我们却从来也没有满足过，依然在祈求着上苍为我们降下更多的甘霖。

然而，生活不可能也不会按照我们的需求来十足地供应我们，于是，我们便失望了，我们便不满了。

世界对于每一个活生生的人来说，都是公平无二的。有耕耘才有收获，有奋斗才有成功，有付出才有得到。你想花一分的代价，去换回十分的成果，那是永远也不可能的。

所以，我们永远都不应该祈求这世界平白无故地就给我们太多。

生命在于奋斗，人生在于积累。不要祈求太多，只有一点点就已经足够了。每天一点点，每月一点点，每年一点点，几年下来，我们就已经得到了很多很多，那么，一辈子下来，我们不就已经变成了一个拥有整个世界的大富翁！

不要祈求太多，太多了，生命就会显得过于沉重，我也就会感到你的人生因缺少遗憾而懒于去追求；不要祈求太多，太多了，人生就会显得过于臃肿，你就会感到你所拥有的一切都是负累，因无法带得动而终生不能轻松。

任何奢望都是不应该有的，天上不会掉馅饼，地上也不会长钞票。实实在在地做事，实实在在地做人，实实在在地对待每一个时日，你才会拥有一份实实在在的成功。

■ 赏 析

　　每个人都希望自己的愿望能够实现，欲望得到满足，然而，当我们失望和不满的时候应该怎样去做呢？作者有感而发，这样告诉我们："活着，我们不要祈求太多！"

　　我折服于作者质朴的文字中蕴含的深刻哲理："实实在在地做事，实实在在地做人，实实在在地对待每一个时日，这才会拥有一个实实在在的成功！"

　　另外文章语言朴实，结构严密，意蕴深刻，真的是篇好文章！

岁月无声

>> 邓　皓

生命是对岁月的回眸，人生是与岁月的较量，征服了岁月，也就获得了超越生命年轮的青春！

岁月滑翔的声音就像鸟儿舒展羽翼的声音。

宛若赤足走在沙滩上，许多的日子如潮水漫过双足，退去之后，了无印痕。

岁月，无声地伴你走过春夏秋冬。

群山在无声中诉说伟岸，江河在无声中书写恢宏，蓝天在无声中袒露旷远，大地在无声中酿就永恒。

人呵，亦在无声中，送走时光的星移斗转，笑看人间的月圆花瘦，把持心灵的阴晴曲直，掂量生命的跌宕浮沉……

岁月，悄然地充当生命的证人！

有贤者言：日月经年，世事无常；人生如月，盈亏有间。每个人的人生如同在时光的隧道里作了一次漫长而艰辛的旅行，途经之处，看到的不仅是山青水绿、歌舞升平，更多的却要领略崎岖坎坷或平淡无奇。这时候，尚未到达目的地的你，浑身乏力了，双眼蒙尘了，甚而启程时高昂的兴致也骤然冷却了——这是岁月本身蕴含的一种冷酷而坚实的力量，也是岁月对人类生命韧性的一种挑战！

在一些平淡的日子里，我们平静甚而不拒凡俗地活着。我们那颗被生活磨蚀得有些麻木的心，难免嗟叹于岁月的无情和命运的多桀，甚而心安理得地让青春作了岁月的附庸。然而，当我们用心去揣摩生活中类似于老蚌衔珠、蛹化为蝶、万涓成河的人生规则时，你会幡然顿悟：那不正是平凡生命历经苦痛与岁月抗衡而编织的辉煌，不正是有限生命在无涯岁月中定格成永恒的证明么？

那么，请慎读岁月吧，不仅仅在你生命的显目处——诸如点燃生日蜡烛，或者伴随新年钟声跨进新年的那一刻；

慎读岁月吧，也不仅仅在你人生的风光处——诸如幸运之神叩响门扉，或者在鲜花和掌声中走向领奖台的那一刻；

　　慎读岁月，最是应当在你平凡生命中的每一天——因为生命是对岁月的回眸，人生是与岁月的较量，征服了岁月，也就获得了超越生命年轮的青春！

■ 赏 析

　　"岁月滑翔的声音就像鸟儿舒展羽翼的声音"，仅是这样一个舒缓优美的比喻就吸引我把这篇文章读完。

　　岁月无声地滑过去了，以一种很优美的姿态渐渐漫过你的指尖，流过你的心头，让你在默默中感觉它的逝去，它的永不复返，甚至它的永恒，在岁月流走的过程中我们也经历了无数的悲喜，我们是时间的见证人。

　　作者把一个个片段加以定格，然后加工成优美的文字，和朱自清的《匆匆》有异曲同工之妙！可读性很强！

心泉丁冬

>> 粒　砂

倾听心泉丁冬——重温一抹美丽的心情；抚慰一颗疲惫的心灵；回首一段苍凉的人生。倾听心泉，让思想走向深刻纯净；倾听心泉，让生命愈加丰盈生动！

人人心中都有一汪清泉，洗濯着你的灵魂，滋润着你的生命。只是因为日常的琐碎、生活的纷杂，才掩蔽了她的环佩妙音，朦胧了她的清碧透明。

夜阑人静，天籁无声。每逢这个时刻，你才能卸下沉重的面具，拆去心园的栅栏，真实地审视自己，在生命的深处，你终于倾听到一丝悠然的脆鸣。这是一首真善美的诗么？像甘霖，像春风，柔慢而隽永。

月隐星现，露重风轻。每逢这个时候，你才能正视裸露的良知，走出世俗的樊篱，在灵魂的高处，你终于感念到一波恬然的律动。这是一支真善美的歌啊！像皓月，像秋阳，淡泊而宁静。

朔风逆旅的你，每当回望身后的坎坷与泥泞，一道又一道，一程又一程，你的心泉便豁然翻涌……终于了悟：生活不相信眼泪，失败也并不意味着扼杀成功！世上没什么永远的侥幸让你永远地沾沾自喜，世上又有什么永悟的不幸让你永久地痛不欲生？

生命的辉煌，拒绝的不是平凡，而是平庸！所以，春风得意时多些缅想，只要别背叛美丽的初衷；窘迫失意时多些憧憬，只要别虚构不醒的苦梦！

用心泉熄灭如火的嫉妒，用心泉冲尽如尘的虚荣；生命才会获得无限的轻松，絮絮低语的心泉明白地告诉你：人心并不是你想象得那样险恶丛生，生活也不像你渲染得那般黯淡沉重！

远离卑劣的倾轧，躲开世俗的纷争，走近丁冬的心泉，倾听心泉丁冬——

重温一抹美丽的心情；
抚慰一颗疲惫的心灵；
回首一段苍凉的人生。

倾听心泉，让思想走向深刻纯净；倾听心泉，让生命愈加丰盈生动！

■ 赏 析

读一篇优美的文章，如饮一杯香浓的咖啡感觉悠远而又绵长。

优美流畅的文字后，并非是空洞无物，而人生的道理却昭然若揭，读后不仅心情舒畅而且受益匪浅，尤其是开篇一句："人人心中都有一汪清泉，洗濯着你的灵魂，滋润着你的生命"，让人顿觉内心开阔无比，吸引了我把文章一口气读完，往下的文句，仿佛都字字句句敲到人的心坎上，使入产生强烈共鸣。

不知你的心泉是否依旧清澈透明，不知你的心泉是否还能响起环佩妙音？

永远幸福

>> 佟可竟

抱怨生活不幸福的人，多少是在对幸福的追求中，放走了真实的东西，而在追逐影子。

幸福的时候，我们常不自知，即便别人的目光投来多少羡慕不已。痛苦却总是自作多情地来而不去。"人生的刺，就在这里，留恋着不肯快走的，偏是你所不留恋的东西。"（钱钟书语）短瞬的生命之光泽，极易就这样被黯淡着，好像每个人都有了千疮百孔的忧伤。

其实不然。

抱怨生活不幸福的人，多少是在对幸福的追求中，放走了真实的东西，而在追逐影子。正像我们相互传递的祝福一样，人生一世，安知我们生命的祸福之势？我们依然情愿对"永远幸福"做着一遍遍的企望。为了这份"永远"的人生厚礼，我们把可以切身触及到的幸福都丢掉了。

只要我们不惜感受，幸福倒有点像那些百抽不中的彩票，极易到手。道理如蒙田先生所言："最美满的生活，就是符合一般常人范例的生活，井然有序，但不含奇迹也不超越常规。"好似花开花谢，树枯树荣。

而"永远幸福"其实是用细碎的珠贝串起的一条缠绕生命的长链。我们只有耐心于平铺直叙的生活，才会从中拣拾到蕴藏着幸福光泽的颗颗珠贝。

只是我们从来都愿意把对幸福的拥有高置在成就大气磅礴之业、遭遇荡怀激烈之情之上。而我们一旦脱离了常人范例之后，才茅塞顿开：幸福原来是能频频与我们打招呼的老熟人，只是我们常常视而不见。

一封寄自伦敦的来信，声称是用握着菜刀长满硬茧的手写的。每天深夜，当这位先生从地下室的后厨中走出来，都会猛吸几口外面的新鲜空气。他竟觉得："能在大街上自由漫步，真是幸福！"

更多的时候，是我们自己远离了幸福。在我们徒自对幸福做着缥缈不已、诗意无限的遥想中，它正悄然地随着岁月从我们的指间和身边流走……

还是低头拣拾起我们易得的珠贝吧，尽管碎碎点点，谁说串不成与生命等长的珠链呢?!

由此我们同样可以圆满心怀日久的祝福：永远幸福。

 赏　析

在压力与辛苦并重的生活中，"幸福"成了一个遥不可及的概念，于是我们奔波于庸烦的生活里，即便是触到了幸福也常不自知。反而"痛苦却是自作多情地来而不去。"于是"永远幸福"就如同山巅那颗宝石可望而不可及了。其实我们在对幸福的追求中，已经让幸福从手边溜走，如同那个拾贝壳的人，到了太阳落山仍是两手空空，我们并不知道"永远幸福"其实就是用珠贝串起的一条缠绕生命的长链，而我们只有拾起细碎的贝壳才能串起幸福。

■ 乐观人生

>> 艾明波

在乐观中撷取一份坦然，你的面前就会盎然多彩；在悲观中摘下一片沉郁的叶子，只能瓦解你积攒的力量。

在乐观中撷取一份坦然，你的面前就会盎然多彩；在悲观中摘下一片沉郁的叶子，只能瓦解你积攒的力量。

乐观之于人生，是浮荡在地平线那袅袅升起的热望与希冀，是普照生灵的不息的阳光，更是寻得一份旷达与美好的铺垫与勇气。

有两个人同时遥望夜空，一个人看到的是沉沉的黑夜，而另一个人看到的却是闪闪的星斗。这就是乐观与悲观的区别。

在要付出巨大努力和经受众多无奈的尘世之中，守住一种乐观委实不易，那是坚韧的心才能支撑起来的恬淡的风景。

每每见一老者，已年愈古稀，生命的灯火已即将熄灭。然而他却异常开朗。他说：我天天晨起锻炼是为了证明生命的一种倔强啊！

也常常见到一位跛者，便对他备加怜爱。而他却告诉我：你若觉得我可怜，那就错了，别以为我失去脚不能走路而生活困苦，我是用心在走路啊！

听到这番言语，感受这种情蕴，我不禁蓦然惊觉：这是乐观给予他们对人生的一种执著。众多的苦难在他们的心头渺然无痕，那么，我们为什么要让霏霏阴雨覆盖明朗之空呢？于是我便定睛望前面漫长的道路，从容地昂起头来，乐观且自信地说一声。"走!"

■ 赏 析

在心烦气躁之时，读一篇清新的抒情散文，如在口干舌燥的时候饮尽一杯清水般惬意。

想来作者一定是个充满活力的青年，即使不是，至少心是年轻的，因为只有年轻的心境才能把文章写得优雅而从容，清醒而又充满灵气，给人无限启迪而又毫无强加之意。

　　"乐观之于人生，是热望与期翼，是阳光，还是铺垫与勇气"。这是作者的心解，又何尝不是生活对我们的启迪呢？

■ 责任的呼唤

>> 国振东

责任是爱和道德的花束，把生活装点得五彩缤纷。有了责任，拥挤的社会，才会有秩序；自由的天空才会更加广阔，生活的空气才会更加温馨。

我们带着使命来到了世界。

我们的生命里跳跃着神圣的责任。

从"天降大任于斯人，苦其心志，劳其筋骨，饿其体肤"中，我体会到了孟子的发奋；从"春蚕到死丝方尽，蜡炬成灰泪始干"的不朽绝句里我理解了责任的深沉；从"谁言寸草心，报得三春晖"的古诗中，我看见了天下儿女对母亲的拳拳之心；从鲁迅的一张小照上，我找到了"我以我血荐轩辕"这句话里所饱含的博大胸襟。

责任闪耀出的耀眼的光芒来自于英勇的献身。伸向远方的钢轨承受着巨大的压力而默默无闻；多级助推火箭呼啸着向上升腾，把通讯卫星定点在宇宙上空；摩天大楼上的避雷针在与雷击的搏斗中，领略了永恒的内蕴；绿茵场，足球飞腾，一双铁脚凝聚着闪电般的责任。

责任是爱和道德的花束，把生活装点得五彩缤纷。

改革的大潮涌向纵深。虽然遇到了艰难险阻，历史的呼唤使改革者叱咤风云，勇往直前，君不见，一个个企业走出低谷，一个个企业摆脱了亏损，在中国这块神奇的土地上，书写了当代人的责任。

责任不是"跟着感觉走"，它意味着冷静的思考，靠理智而不盲从。如果人人都"自我设计"而不对国家与民族负责，那整个社会就不可收拾；如果任所谓的"自由、民主"横行。一个有希望的中国人上空就会罩上乌云。

有了责任，拥挤的社会，才会有秩序；自由的天空才会更加广阔，生活的空气才会更加温馨。

■ 赏 析

一个充实完美的人生，应该包含永无止境的责任和义务。

"我们带着使命而来，生命里跳跃着神圣的责任"，作者的坦诚与睿智不得不让人折服。

生活中，责任是一抹最亮丽的风景，因为它是"爱和道德的花束，把生活装点得五彩缤纷"，它凝注了冷静和永恒。

君不见，"责任的呼唤"响彻寰宇，使得"自由的天空"更加遥远广阔，"生活的空气"更加温馨怡人，责任就是岁月窗前那串永恒的风铃，就是生命长河中那叶不折的帆！

■ 自己的观音

>> 乔 叶

想来凡人之所以为凡人，可能就是因为遇事喜欢求人。而观音之所以为观音，大约就是因为遇事只去求己吧——如此再想，如果人人都拥有遇事求己的那份坚强和自信，也许人人都会成为自己的观音！

一名虔诚的佛教徒遇到了难事，便去寺庙里求拜观音。走进庙里，才发现观音的像前也有一个人在拜，那个人长得和观音一模一样，丝毫不差。

"你是观音吗？"

"是。"那人答道。

"那你为何还拜自己？"

"因为我也遇到了难事。"观音笑道，"可我知道，求人不如求己。"

这是一则有关佛的趣谈，它让人深思；让人回味。想来凡人之所以为凡人，可能就是因为遇事喜欢求人。而观音之所以为观音，大约就是因为遇事只去求己吧——如此再想，如果人人都拥有遇事求己的那份坚强和自信，也许人人都会成为自己的观音！

■ 赏 析

虽是一则关于佛的趣谈，但却是个睿智的故事，给人以启迪，给人以遐想，让人有种"似曾相识燕归来"的感觉。

细细想来，恰如我们的人生。人生也如一次旅行，跋山涉水，历尽艰辛，最终到达人生的塔顶，但我们在漫漫人生路上有谁没遇到过挫折呢？而文章就是通过这则佛的趣谈揭示一个真理：求人不如求己。

文章也指出了面对"难事"的路，自己的路应该由自己铺就。为了尊严为了未来，挺起胸膛走路吧！

我喜欢

>> 张晓风

　　我喜欢夏日的白昼，我喜欢在多风的黄昏独坐在傍山的阳台上。小山谷里稻浪推涌，美好的稻香翻腾着。慢慢地，绚丽的云霞被洗净了，柔和的晚星一就位。

　　我喜欢冬天的阳光，在迷茫的晨雾中展开。我喜欢那分宁静淡远，我喜欢那没有喧哗的光和热。

　　我喜欢在春风中踏过窄窄的山径，草莓像个精致的红灯笼，一路殷勤地张结着。我喜欢抬头看树梢尖尖的小芽儿，极嫩的黄绿色里透着一派天真的粉红。

　　我喜欢夏日的白昼，我喜欢在多风的黄昏独坐在傍山的阳台上。小山谷里稻浪推涌，美好的稻香翻腾着。慢慢地，绚丽的云霞被洗净了，柔和的晚星一就位。

　　我也喜欢梦，喜欢梦里奇异的享受。我总是梦见自己能飞，能跃过山丘和小河。我梦见棕色的骏马，发亮的鬃毛在风中飞扬。我梦见荷花海，完全没有边际，远远在炫耀着模糊的香红。最难忘记那次梦见在一座紫色的山峦前看日出——它原来必定不是紫色的，只是翠岚映着初升的红日，遂在梦中幻出那样奇特的山景。在现实生活里，我同样喜欢山。

　　我喜欢看一块块平平整整、油油亮亮的秧田。那细小的禾苗密密地排在一起，好像一张多绒的毯子，总是激发我想在上面躺一躺的欲望。

　　我还喜欢花，不管是哪一种，我喜欢清瘦的秋菊、浓郁的玫瑰，孤洁的百合，以及幽闲的素馨。我也喜欢开在深山里不知名的小野花。我十分相信上帝在造万花的时候，赋给它们同样的尊荣。

　　我喜欢另一种花儿，是绽开在人们笑颊上的。当寒冷的早晨我走在巷里，对门那位清癯的太太笑着说："早！"我就忽然觉得世界是这样的亲切，我缩在皮手套里的指头不再感觉发僵。到了车站开始等车的时候，我喜欢看见短发齐耳的中学生。我喜欢她们美好宽阔又明净的额头，以及活泼清澈的眼神。

我喜欢读信。我喜欢弟弟妹妹的信，那些幼稚纯朴的句子，总使我在泪光中重新看见南方那燃遍凤凰花的小城。最不能忘记那年夏天，他从最高的山上为我寄来一片蕨类植物的叶子。在那样酷暑的气候中，我忽然感到甜蜜而又沁人的清凉。

我特别喜爱读者的来信。每次捧读这些信件，总让我觉得一种特殊的激动。在这世上，也许有人已透过我看见一些东西。

我还喜欢看书，特别是在夜晚。在书籍里面，我不能自抑地要喜爱那些泛黄的线装书，握着它就觉得握着一脉优美的传统，那涩黯的纸面蕴含着一种古典的美。历史的兴亡、人物的迭代本是这样虚幻，唯有书中的智慧永远长存。

我喜欢朋友，喜欢在出其不意的时候去拜访他们，尤其喜欢在雨中去叩湿湿的大门。当她连跑带跳地来迎接我，雨后的阳光就似乎忽然炽燃起来。

我也喜欢坐在窗前等他回家。虽然走过我家门的行人那样多，我总能分辨出他的足音。如果有一个脚步声，一入巷子就开始跑，而且听起来是沉重急速的大阔步，那就准是他回来了！我喜欢他把钥匙放进门锁的声音，我喜欢听他一进门就喘着气喊我的名字。

我喜欢松散而闲适的生活，我不喜欢精密地分配时间，不喜欢紧张地安排节目。我喜欢许多旧东西，喜欢翻旧相片。我喜欢美丽的小装饰品，像耳环、项链和胸针。我喜欢充足的沉思时间。我喜欢晚饭后坐在客厅里的时分。我喜欢听一些协奏曲，一面捧着细瓷的小茶壶暖手。当此之时，我就恍惚能够想象一些田园……

■ 赏 析

似乎是在不知不觉中读完了文章，畅快、飘逸成了唯一的感受。

世界毕竟有太多精彩、神秘的章页，内部隐藏着一种如此新奇、热闹和感人的东西，而每一页几乎都在进展，都得发生点什么，如轻舟过万重山。这样构起了作者"充满心底的这样多的深深的喜欢"。

喜欢，意即欲望，也即追求。这或许只是一片芬芳翠叶，或许这只是一株婀娜碧树，或许只是一场一醒即过的梦，或许只是一路上的一抹祝福的眼神……透视作者，仿佛在观摩一种活着的状态与滋味——乐观、自然与精致。

活好每一天

>> 艾明波

要想活好每一天，我们必须与真诚为伍；要想活好每一天，我们必须与坦荡做伴。不然，快乐只会在瞬间而不能永远；不然，我们的生活不会有明丽只会有阴暗。

活好每一天，在每一个灿烂的日子都洋溢着你的笑脸。

活好每一天，让生活的快乐留在你的心间。

快乐是自己创造的，自己就是快乐的来源。我们匆匆地来，又匆匆地走，在生命的这个过程中，快乐没有给我们留下更多的时间。谁都在紧攥着快乐的衣角，谁都在盼望着与快乐结缘，可是，如果我们在追快乐的时候又增加了别人的愁怨，或者以别人的痛苦来作为自己快乐的资源，那么快乐仅仅是一个闪电，而接下来的便是震耳欲聋的雷鸣，炸响在你的耳畔。

因此，要想活好每一天，我们必须与真诚为伍；要想活好每一天，我们必须与坦荡做伴。不然，快乐只会在瞬间而不能永远；不然，我们的生活不会有明丽只会有阴暗。

曾有一个老者，他并不聋哑，可是在他退休后却突然说不出话来。他的妻子也奇怪，怎么好端端的一个人说哑就哑了呢？为此，他们遍访名医，得出来的结论都是此人一切正常，身体健康且无任何病变。直到后来，他找到了一位心理医生才解开了这个谜团。这位心理医生微笑地面对他："你之所以说不出话，是因为你有难言之隐。你的心理压力相当大，你做了你不应该做的事，并且你为你做的事整天担惊受怕，现在只要你把你的事说出来，并且及时改正它，你就会好的。"听到这里，这个老同志突然"哇"的一声哭了起来，紧接着他说话了："医生，我实在混哪，我对不起人民对不起党啊！我不应该贪污单位的那5万元钱啊"他的"病"好了，他把钱也还了回去，可他依然快乐不起来，因为他为了那5万元钱把自己的人格丢了，把自己一生的清名丢了。他为了活好一瞬间却失去了后半生的快乐。

活好一天容易，可活好一生中的每一天却很难。

前不久，我接触了一个携款外逃而又投案自首的人，他说："我外逃期间过的简直是地狱般的生活，在大街上或是在旅馆里，我看谁都像警察，看谁都像是在紧盯着我，我仿佛是在一个无形的大网之中，我时时都在心惊肉跳，我过不了那种逃亡的日子了。没想到，我想拿点钱去过好日子，可是我一天也没有好过。"

在人生的长河里，我们要想活好每一天，就必须学会检点：在生命的历程中，我们要使自己快乐，必须拥有坦然！

我年轻的朋友们，请用辛勤的汗水打扮你所有的日子吧，活好每一天。

▇ 赏 析

让笑容那灿烂的鲜花开满你的脸，让快乐那甘醇的烈酒浇灌着你的心田，因为我们应"活好每一天"！

要想"活好每一天"，我们只须与真诚为伍；要想"活好每一天"，我们只须与坦荡为伴。因为，"快乐是自己创造的"，因为坦荡与真诚是快乐的泉源。

聆听吧，在那悠扬的琴声中，智慧老人那穿越时空的声音已在流淌——"在生命的历程中，我们要使自己快乐，必须拥有坦然！"

伴着那苍老的钟声，作者正用虔诚的声音为我们祈祷——"活好每一天！"

生命之琴

>> 王安雄

你的价值，决定于你自己在多大程度上解放你自己，创造你自己。不断重复自己，即使再美丽动人，即使曾辉煌一时，也会渐渐失去魅力。

无论如何，你要相信自己是一架琴。

你的价值，决定于你自己在多大程度上解放你自己，创造你自己。

你的旋律，可以由你自己的手把握，你的基调，可以由你自己的心标定。

你是平平淡淡，抑或你是轰轰烈烈，只在于你自己如何去选择；你是停滞沉寂，抑或你是奔腾呼啸，只在于你自己怎样去作为。

谁都一样，无法回避失望和难堪；谁都一样，难以穿越时间和空间。但这一切，都不能成为停止展现你自己的理由。

不管天有多高，海有多蓝，路有多远，你的生命之琴，总是可以凭借自身的音阶，去一步步逼近。

高山流水，你可以做到；浩然之气，你可以做到；直到不朽的绝唱，你也可以做到。

最可怕是某种成功后，你停止了创新，而去不断重复自己。不断重复自己，即使再美丽动人，即使曾辉煌一时，也会渐渐失去魅力。

任何时候你都要警醒自己，做一架流淌鲜活清纯声响的琴，做一架不断为众人增添美好的优秀的琴。

■ 赏 析

"要相信自己是一架琴"，作者是何等睿智？！只有用心触摸过了生命之河的潮起潮落，领悟了人生的真谛，驻足生命的某一高度，俯视人生，方能如此大彻大悟。进而以此为音阶，作者对"生命之琴"种种独到，精辟的见解便水到渠成——"你的价值，决定于你自己在多大程度上解放你自己，创造你自己"。

　　作者的思维是极细密的，正是这样，他又告诫我们：不断重复自己，即使再美丽动人，即使曾辉煌一时，也会渐渐失去魅力。

　　这样，一架有血有肉的"生命之琴"展现在我们眼前。聆听吧，那鲜活的、清纯的韵律已正流淌！

启　程

>> 崔晓柏

只有启程，才会到达理想的目的地；只有拼搏，才会获得辉辉煌煌的成功；只有播种，才会有收获；只有追求，才会品味堂堂正正的人生。

如果春风已经将田野吹绿，不会很远，秋霜一定会来将它染红，这是季节的律动；如果你现在活泼年轻，不会很久，岁月一定会使你老态龙钟，这是生命的律动。人不会永远年轻，来也匆匆，去也匆匆，朋友，快启程。

只有启程，才会到达理想的目的地；只有拼搏，才会获得辉辉煌煌的成功；只有播种，才会有收获；只有追求，才会品味堂堂正正的人生。金牌和花环从来就不是撞树而死的兔子，骄傲和自豪也不是漫天掉下来的馅饼。只瞄准不射击的不是好猎手，只呐喊不冲锋的不是好士兵。永远躺在摇篮里，四肢就会萎缩，永远呆在黑暗中，双目就会失明。

也许，你航行了一生，也没有到达彼岸；也许，你攀登了一世，也没能登上顶峰，但是，能触礁的未必不是勇士，敢失败的，未必不是英雄。不必太关心奋斗的结局如何，奋斗了，就会问心无愧，奋斗了，就是成功的人生。

人生的路，无需做过多的准备，只要你迈进，路就会在你脚下延伸，只要你扬帆，便会有八面来风。启程了，人的生命才真正开始；启程了，人才获得了人的聪明。

朋友，快快上路！

朋友，快快启程！

赏　析

"季节的律动"是四季更替，"生命的律动"是岁月轮回。的确，一切"来也匆匆，去也匆匆"，没有什么永恒！却有不变的心情。而

"启程"便是脚步的延伸，生命的传承，它最有意义之处就是营造一份不老的心情。

人说，不是每一滴汗水都落地生花，不是每一个梦想都如愿以偿，也不是每一段路程都风调雨顺，所以，更不是每一种启程都结局圆满，但路，走的是过程，人要的是淡远难得的安宁。那么启程对此就显得尤其意味深长。

水流，人走。"启程"在讲述着这样一个亘古不变的法则。

如果我十九岁

>> 桂向明

如果我十九岁，我将飞向爱的伊甸园，撷取女性另一半芬芳，双双跨上轻骑，把歌声笑语甩在后面……

如果我十九岁，我将飞向爱的伊甸园，撷取女性另一半芬芳，双双跨上轻骑，把歌声笑语甩在后面；

如果我十九岁，我会足满腹经纶，思想的触角伸向弗洛伊德、萨特、老庄，永远开拓自己的疆界，横向和纵向；

如果我十九岁，我要用运动场上的粗犷，雕塑凸出的胸廓，雕塑隆起的肌腱，并且接受山风和海水的挚爱，换一身古铜的袒露；

如果我十九岁，我穿上流行的 T 恤衫，和伙伴一起喝啤酒，弹吉他，跳迪斯科……生活，多一些美好的因子；

如果我十九岁……不，我已经年过半百，是孩子们开始叫我"爷爷"的年纪。我第一次听见这稚嫩得发怵的声音，心的岩壁跌落一颗忏悔的泪珠。

我唯一不后悔的，是我选择了诗，选择了贫寒和正直。

而且，我有一双被痛苦，也被欢乐洗得特别深邃的眼睛。对人生我洞若观火！

■ 赏 析

在这种成熟从容的文字中，体会老者成熟的感情，感觉韶华芳龄有了掷地有声的份量。

老者在真实的岁月中，追慕远去的背影，十九岁有太多阳光如刀的回忆，有太多难舍的情怀，有太多和鸣的无忘，默默地，"心的岩壁跌落一颗忏悔的泪珠"。

经历了贫寒、正直和诗的锤炼和洗礼，老者拥有了独特的"洞若观光深邃的眼睛"。

人，睁着眼睛读别人的过去时往往很轻松，读自己的过去时则很沉重、很痛苦。但如此地打量心底的身影，对于留住自己很必要。

雪天散步

>> 张　筱

雪，纷纷扬扬，同潇洒的风一同迎来新年，迎来平凡人家、黎民百姓的节日喜庆。阳春白雪，和崖畔的迎春相映生辉；阳春白雪，滋润着百姓平民的心田。雪天、春天，本不是同一个季节的旋律，可今日却凝聚成喜乐陶陶的音韵，与载歌载舞、虎跃龙腾的华夏大地——同庆！

倚门而立，望着除夕之夜的焰火。雪，从岁末之日的纵深走入新年的首日封。

了然的心影，等待成雪打的纱灯，温情朦胧默默无语。秋叶已逝去，冬日已散尽，早春的芽尖，还在热土中被雪覆盖，未曾展露鲜亮勃发的容颜。

渴望与等待的长剪，没有剪出春光明丽的窗花，却剪出了雪的景致，凸现村庄与都市的距离。雪天，围着暖暖的炉火，守候着温情和欢乐。窗外，纷纷雪飘；屋内，电视荧屏正播着一部旧电影：

——等着吧，我们会有长长的未来的。

——我将投身到时代的洪流中去！

肖涧秋从《早春二月》走了出来。走了长长的半个多世纪，却没有走出那顽劣而又根深的偏袒、世俗，愤懑依然、忧郁依然、渴望依然。等待，就像雪花一样，永远是季节轮回的主题。长长的未来，不只需要等待，更需要用互信的勇气去创造、铸建！

立春已过，旧岁已褪尽除夕的红粉。

雪，纷纷扬扬，同潇洒的风一同迎来新年，迎来平凡人家、黎民百姓的节日喜庆。

阳春白雪，和崖畔的迎春相映生辉；阳春白雪，滋润着百姓平民的心田。

雪天、春天，本不是同一个季节的旋律，可今日却凝聚成喜乐陶陶的音韵，与载歌载舞、虎跃龙腾的华夏大地——同庆！

在雪天散步，让浮躁的心逐渐平息悸动。

走过花开花落的村庄，沿着一条干枯已久的长渠，我走到一幢坍塌的磨坊：石磨依然、木轮依然；只是没有了水车轮转的节拍，没有了磨合生命的轰鸣，没有了那衔着旱烟锅——四季守磨的老大伯。圆圆的箩底已破，又被蜘蛛网结数层。那只蜘蛛爬在墙上紧盯着陌生的我，那么陈旧、古老、无奈、落寞。

　　雪天引领我探寻到一个陌生已久的境地，我重新审视这古老的文明之印痕，重新审视我身后的那一串脚印。

■ 赏 析

　　出门的时候，才发现漫天飘起了细细的雪花。白白的，小小的，轻轻落在脸上。这种感觉，让我想起曾经有过的一份牵心的眷恋，冷得让人心痛。淡淡的忧伤，却很清凉，细细碎碎的雪花还在静静地飘着，我想起在一本书上看到的一句话："如果是一朵花，就让它开在我心里，谢在我心里，深埋在我心里……"

　　我们爱白雪，更爱在雪天散步。因为眼前的冰天雪地，银妆素裹中，我似乎听到春的脚步，似乎看到了那压在厚雪下边的潺潺流水，棵棵春芽。

■ 追寻浪漫情怀

>> 张　筱

用浪漫的情怀去囊括生活之中所有的不幸，用浪漫的激情去承载生命的沉重和苦难。

用灵魂守望，生命的美丽如永不凋谢的花朵，而生活的一枝一叶总是含情脉脉。那勃勃生机令人愉悦而激动，一切都在期待中发生，一切又都在留恋中消逝：青春、岁月、生命，幸福的意义或者其他……但那种真诚对待生命的浪漫情怀，却如霜天枫叶，愈烈愈浓、愈厚愈重。

追根探源，我感到无比欣慰。人类总是把人性之美放在首位，不管历史如何演变，不管世纪如何推进、不管理性如何约束。在现实生活中，人们都渴望着那些美好的事物、美丽的居所环境，美好而幸福的生活。我们更渴望着心灵的家园，没有荒芜、没有丑陋；驻守浪漫的美丽之花，茂长安逸的柔美之草，扎根阳刚的伟岸之树。

我的思想被世俗打磨，甚或切割。我们自由的灵魂被理性的桎梏束缚、绊羁。我们生命的载体承受着生活的挤压和磨难。一切在于行动，在于如何能自己策划、设计。这就是现实的真实，也是每一个生命必须正视的现实。我们心灵的家园，不论是生活的、哲学的、美学的，还是朴实的、浮化的、浪漫的，都很难摆脱现实严谨的影子，走出现实沉重的轮廓。一切都看自己的思想、智慧、意愿、行为：你是你自己的主宰。

面对生活所赐的忧患、苦难；背负着生命的沉重之躯，以一种什么样的状态生存下去？用浪漫的情怀去囊括生活之中所有的不幸，用浪漫的激情去承载生命的沉重和苦难。

生命是美的，一切便都是美丽的。

■ 赏　析

浪漫是雨后的彩虹，洒脱而又美丽。生命是美的，渴求生命的情怀是浪漫的。用浪漫的心去面对生活的金钱，你会发现一切原来是如此纯真；用浪漫的心去挑战世俗，你会发现自己才是最优秀的；用浪漫的心去放眼世界，你会发现一花一草是那样朝气；用浪漫的心去克服不幸，你会发现生活充满爱。把情怀浪漫起来，去承载人生百态。

　　让我们在幸福中使浪漫有加，在不幸与痛苦中用浪漫去勇敢承载！

生命的极限

>> 如 清

如果你听腻了大海无休止的咆哮，如果你感受到了人世间的挤压和痛苦，你千万别心急，你可以收拾起失败的风帆，你只要稍作歇息，就能爆发出战胜自我的勇气和力量，困难不会磨钝一个人奋进的锐气，只要你把握好自己，生命的极限就永无止境。

夏日的夜晚，仰卧在散发着泥土香味的草坪上，你可聆听到虫蛙的低鸣，乃至能觉察到野草奋力拔节的声响，那是生机的勃发，那是生命的象征。天地萌生万物，天地也包容万物，地球上的动物，抑或植物，包括人类本身，神奇的自然总是关照万分，并赋予强大的求生能力。这种能力的极限在哪里，医学上的求解恐怕永无止境，至于人类非生理意义的生存极限，或者说是人类意志支撑下的生命扩展蔓延能力，更是一种无法估量的神奇魔力。

比如说，一种愉悦的焕发，一种瞠目结舌的狂喜；比如说，一声痛苦的呐喊，一声困顿压抑的爆发，都是人类自我超越后的蛛丝马迹。你看看那足球场上，每一场比赛都是生活的浓缩，每一场比赛都是对生命极限的挑战，绿茵场上那冲奔的球员就是一匹匹草原上的骏马，仰颈长啸，那气势曾经震动了山河，因为他包容了人类的毅力和耐力，包含了人类的战略和智慧，还有人类的团队精神和协作理念，还有许多许多。

如果你听腻了大海无休止的咆哮，如果你感受到了人世间的挤压和痛苦，你千万别心急，你可以收拾起失败的风帆，你只要稍作歇息，就能爆发出战胜自我的勇气和力量，困难不会磨钝一个人奋进的锐气，只要你把握好自己，生命的极限就永无止境。

■ 赏 析

"我不敢说生命是什么，我只能说生命像什么"，生命像向东流的一江春水。他聚集细流，合成洪涛，向下奔流，一路上他享受着他所遭遇的一切。生命又像一棵小树，他聚集活力，在冰雪下延伸，在早春的泥土中，勇敢快乐地破壳出来。然而我不敢说来生，也不敢信来生，我们只是生命中之一叶，生命中之一滴。

　　人世间有挤压、有痛苦，但千万别心急，你可暂时收起翱翔的翅膀，寻找到一处宁静的港湾，进行短暂的喘息，蓄积的力量更能鼓起你奋进的锐气，"只要把握好自己，生命的极限就永无止境。"

我们和祖国

>> 江长胜

祖国！我们和您的情结，是人间最美好最永恒的情结。您在我们心中巍峨成固若金汤的圣土；我们在您的手掌上被珍爱成异彩夺目的明珠……

祖国，您与苍穹和阳光同在。大雁以整齐优美的队列，从南向北，又从北向南，把您辽阔的蔚蓝扑扇得格外安宁。

祖国，您在我们眼前。平原肥沃成绿、红、黄、紫的丰硕，大山厚实成铁、煤、铜、金的奉献，河水潇洒成多姿多彩的豪放，大道宽阔成弯曲越来越少的高速……

我们永远是您怀中心赤情深的儿女。曾经没大没小地幼稚过，终于懂得团结奋进；曾经没边没沿地幻想过，终于坚定刻苦实践；您的博大和厚爱，使我们感受到母亲般的温暖和力量，有时涌出激动的串串热泪。

我们永远是您眼中璀璨的星群。有的亮在风雪呼啸的边防之夜，有的耀在钎杆飞旋的井下掌子；有的在商潮起伏的大海闪烁，有的在谷穗辉煌的稻海辐射……无论远在天涯海角还是近在身前身后，您都给以无限的关注。

勤劳于您，我们用富裕转换那些贫困的山区和荒原；智慧于您，我们用科技腾飞那些大大小小的企业；忠诚于您，我们以高昂的头颅挺起炎黄子孙的志气。

啊，祖国！我们和您的情结，是人间最美好最永恒的情结。您在我们心中巍峨成固若金汤的圣土；我们在您的手掌上被珍爱成异彩夺目的明珠……

▇ 赏 析

读罢此后，深深地感受到与祖国同在，我们原来与祖国是这样地密不可分！"祖国与阳光、苍穹同在"祖国永远是我们的希望和永久的爱恋。作者形象的为我们描绘了一幅美丽的英雄儿女创建山河图。画轴一卷一卷的展开："平原肥沃成了丰硕，大山厚实成了奉献，河水潇洒成了豪放……"一切的一切怎不叫人自豪？"我们和祖国的情结是人世间最永恒的情结。"有了祖国，我们才有幸福才有尊严，祖国有了我们才有了生命，才有了希望。

家乡歌谣

>> 苏要文

记忆里的歌谣。清清纯纯的婉转，缠绕在故乡的屋梁，萦荡在旧居门前的古榕上，声音便漫成雨中的风荷，轻盈曼妙。

久违的家乡歌谣掠过，落满我记忆的深处，我的乡思便活跃起来……

家乡歌谣是种古典的民歌，是土味和汗味的搅和。它在乡民的心头化开，成了种子和果实。

歌谣乃乡民在丰收时的抒情。金黄的庄稼，总会引燃我们的歌情。镰刀如桨，划进秋天。在秋天的怀抱里，舞之蹈之，土塬是精彩的舞台，背景总是太阳和作物，光芒四溅，丰富、鲜明而生动。无论站着或卧着，这歌谣都是乡土的姿势，展示一种自然美的生命原色。

在城市舞台上，摇摇晃晃的民间歌谣，在璀璨灯柱下，唱得再动情，也给人一种失真的感觉，也是以客居的形式出现。这只能被称作民族唱法。

收获之后的农闲季节，家乡歌谣便被姑娘小伙炒得火爆。歌谣唱起时，情妹妹呃情哥哥便走到一起罗！歌谣这时则成了情歌，成双成对。歌谣是缘份的绳索！

如歌行板的音韵，对我来说已成遥远，是种绚丽的蛊惑。悠扬总伴难言的乡愁。

自己低声哼起的谣曲向四周辐射。毛绒绒的睫荫温暖了游子的双眸。家乡歌谣在我的心路上辗出道道辙痕，我怀念田园与庄稼，青睐故园那在田畴挥汗劳作的淳朴的出类拔萃的民间歌手。

记忆里的歌谣，清清纯纯的婉转，缠绕在故乡的屋梁，萦荡在旧居门前的古榕上，声音便漫成雨中的风荷，轻盈曼妙。

具有生命力的民歌在乡间！

用我们热爱的乡音，唱着我们稔熟的谣曲。歌韵沿着乡风滑翔而来，寻找我们流浪的心迹。

瘦成一弯冷月的家乡歌谣，将我漂泊善感的心勾出，敲响了生命的乐章……

■ 赏 析

余光中的《乡愁》曾勾起多少人生命的乐章:"小时候,乡愁是一枚小小的邮票……"而如今作者的《家乡歌谣》又让多少人魂牵梦绕:"记忆里的歌谣,清清纯纯的婉转,缠绕在故乡的屋梁,萦荡在旧居门前的古榕上,声音便漫成雨中的风荷,轻盈曼妙。"城市中的民歌有些扭捏,有些作态失去了土朴土味,家乡的歌谣才是绚丽的蛊惑。难诉乡愁呀是一坛陈年老酒,灌醉了多少游子的心啊!家乡歌谣更是永不离去的乡音,温暖了多少游子的心啊!

■ 吊 床

>> 阴晓菁

枫树沙沙地摇曳着，散发出沁人心脾的芬芳。孩子们的心中，描绘着
生活在很久很久以前的那位小女孩的情形……

很久很久以前，一位小女孩儿渴望着有一张吊床。

那仿佛是摘下白云纺成线，细细密密编织而成的吊床。好想坐在上
面，悠悠地摇荡。

"吊床是像摇篮一样呢，还是像浮荡在空中的一只软软的小船？"

在两株高耸入云端的大树中间系起吊床，人睡在其中，也许要梦见
自己变作了鸟儿呢。

可是，在小女孩的院子里，能系起吊床的那种大树，连一株都不
曾有。

初夏，镇上的花木集市开张的时候，小女孩拿出所有的积蓄，买下
了两株树苗。那是两株只长着比手指还细的枝桠的枫树苗。

"你现在只有这么小的一丁点儿，可是你一定会长大，一定会长得
粗粗壮壮，足够系起吊床来。把你们好好儿种进地里，快快长哟。"

小女孩俯身望着树苗，说道。

从此，她每天毫不间断地为树苗浇水、上肥，郑重其事地培育着两
株树木。

从那以后，好多年过去，到了今年的夏天，在两株枫树之间，两张
白色的吊床正悠悠摇曳。吊床上方，绿叶葱茂的树枝如同美丽的太阳伞
一般舒张着。树荫里的吊床上，两个孩子正说着话。

"听说，这枫树是咱们姥姥种下的。"

"可不，姥姥的姥姥就是为了我们才留下了这两株枫树的呢。"

枫树沙沙地摇曳着，散发出沁人心脾的芬芳。孩子们的心中，描绘
着生活在很久很久以前的那位小女孩的情形。

■ 赏 析

　　感动于小女孩埋下两颗希望的种子，去实现自己遥远的不可触摸的梦。梦是实现了，可是她却无法体验这个梦的甜蜜了。两棵已经长大的枫树继续在时间里行走，而那个小女孩却走出了时间，时间是无情的也是公平的。一个小小的吊床连结着两颗希望的种子。我们想一下，也许很多年很多年以前，也曾有一个小女孩为我们埋下希望的种子，你能感受到她带来的礼物吗？你能感到她的血在你血管里流动吗？我们的祖先让我们替她实现了遥远的梦！

　　做个梦，埋下希望的种子，或许有人会替你实现它。

凝望夏季

>> 凌 鹰

欲留心夏季的变幻，必定要让心灵沉入它的最深处，那里的风景才最真实诱人。

好些个夏日都是在迷迷糊糊中度过的。就在那样一种炽热而又模糊的人生境界中，这样那样的旧事也在如是的生命氛围里被我逐渐地悟透。虽然没有细心地留意过夏季的景色，但是，心灵中的许多事情却正是在这悄然的流逝中被夏日的阳光镀得日臻亮丽起来。

欲留心夏季的变幻，必定要让心灵沉入它的最深处，那里的风景才最真实诱人。

每每回到家园，我总是要被一种无限温馨的情愫严严实实地笼罩。于是，我就让自己整个的生命沉入这份温馨，并将目光分外专注地投入夏日的阳光或黄昏迷离的田园景色里。这时，心中的许多事情你都无须去想，只要你分外认真地投入你的激情，你就会透过夏季的阳光觅见许多你经历过的事情，其实都是生命中最美丽的轮回，那些曾经使你为之伤痛为之锁眉的往事，也会在这样的时分被灼热的阳光镀上一层十分厚重的色彩。于是，你会在如许的凝望中发现：你的生命往昔已在你的视域里呈现出一种古铜般的色泽，这是所有的色彩中最壮美最深沉最持久的色泽。在这样的时分里，田园是那样的生机勃勃，夏季的山野是那样的浓绿灵秀，夏季的河流是那样的宁静庄重，夏季的炊烟是那样的缠绵空灵，夏季的天空是那样的淡泊幽远……面对如是的夏季风景，不由你不将整个的你分外激越地置身其间，去体味你所凝望到的那份生命境界。

无论是清丽的晨时还是炎热的正午抑或是夕阳如血的黄昏，我总能随处读到我的父老乡亲们沾满夏日气息的背影。我感到我视域里的这一尊尊背影是那样的凝重酸辛，又是那样的强悍有力。我看到这些令我感到格外亲切的农民们投注给夏季的热情正被灼热的阳光蓬蓬勃勃地点燃，不由地联想到生存空间里许许多多不可言传的境况。这些在夏季风景中默默地劳作的农民们呵，我对他们所倾注的，是比夏日的阳光还要热烈的情愫，我感到他们才是真正地步入了夏季的最深处。

 赏 析

这是一篇很有意境的散文！

作者以从容的语调缓缓道来，对夏季的描写精致而富有特色，自然景观与人文景观的描绘相映成趣，语言上优雅中又透着朴实，既给人以美感又感觉十分亲切，句式上又十分善于变幻，整散句的结合做得非常好，生动活泼，挥洒自如而又节奏鲜明，气势贯通。

作者能把一个并不新颖的体裁写成一篇如此优美的散文的确很不简单。

■翅 膀

>> 丽 纱

从第一个猿人走出原始森林，到航天飞机冲破地心引力；从陈胜、吴广揭竿而起，到五星红旗飘扬在祖国的天际。这些辛勤地飞翔的翅膀都是劳动的翅膀，都是喜爱泥土、喜爱花的翅膀。

春天的翅膀最多、最美，在许多翅膀当中，增加了燕子的、蜜蜂的、蝴蝶的……

春天是翅膀的季节，春天是飞翔的季节。

而且，这些辛勤地飞翔的翅膀都是劳动的翅膀，都是喜爱泥土、喜爱花的翅膀。

在春天，人也会生长起翅膀来。虽然人的翅膀是无形的，但这些无形的翅膀会飞得更快、飞得更远、更美……

晨 帆

帆是长了翅膀的鸟，是长着单一的翅膀的海鸥。

披着洁白的羽毛的鸟，逗引着半醒半睡的海涛。

第一叶帆张开翅膀的时候，海上还是夜色茫茫。

一叶叶帆张开翅膀的时候，海上已经洒满曙光。

朝霞升起来了，洁白的帆化成了绯红的云。

黎明的空气水一般清，辽阔的大海风平浪静。

充满希望和理想的早晨，我的祖国铺下了金色的航程。

启航的哨子响了。白色的鸥鸟驮着绯红的云，展开轻捷的翅膀飞行。

■赏 析

在笔者诗样的语言中，任思绪飞扬，飞扬进"翅膀的季节、飞翔的季节"，于是，心灵确爱上了生活中最朴素最本质的东西，就如泥土、花香。从而，"人也生长起翅膀来"，更快，更高地飞，更远、更美地飞，飞入风平浪静的大海，寻到海的灵魂——晨帆，就停立在高耸的桅杆上，去追求金色的航程。

岁月和生活让人悟到越来越多生命中本原性的东西——让自己展开轻捷的翅膀飞行。